colección **biografías y documentos**

Plata fácil

Los empresarios y el Poder
en la Argentina

Daniel Muchnik

Plata fácil

Los empresarios y el Poder en la Argentina

Grupo Editorial Norma
Buenos Aires Barcelona Caracas Guatemala Lima México Panamá Quito San José San Juan San Salvador Bogotá Santiago

Grupo Editorial Norma
San José 831 (C1076AAQ) Buenos Aires
República Argentina
Empresa adherida a la Cámara Argentina del Libro
Diseño de tapa: Ariana Jenik
Fotografía de tapa: Eduardo Rey
Impreso en la Argentina por Indugraf SA
Printed in Argentina

Primera edición: abril de 2001

CC: 20618
ISBN: 987-545-012-X

Libro de edición argentina

Índice

Para mis nietos Emma y Tomás Kiernan.
"Porque nuestro amor será de catarata/
viviremos las emociones a distinto tiempo/
pero les dejaré mojones en el bosque/
para que me vayan siguiendo."

Para Alejandro Garvie, porque sin su colaboración
este libro no hubiese sido posible.

Para Rogelio Garcia Lupo, maestro.

Las corporaciones multinacionales inventarán
los presidentes y los sistemas que les convengan,
porque la política será una herramienta más
del sistema de mercado.

NORMAN MAILER

Para mí nada puede haber más fantástico
que la propia realidad.

FEDOR DOSTOYEVSKI

Prefacio

El desacuerdo inicial se produjo en el seno de la generación de 1880. Ocurrió cuando Carlos Pellegrini, buscando el camino de la industrialización –impresionado por el fenómeno norteamericano–, encontró serias resistencias en una clase dirigente pequeña pero poderosa, dueña del país-estancia, que vivía del campo y de las finanzas y que gustaba de la vida en París. Luego, durante el incipiente desarrollo industrial del primer gobierno de la Unión Cívica, expresión del proyecto político de la clase media, las facciones conservadoras iniciaron el repliegue del sistema de partidos y decidieron hacerse representar por las fuerzas armadas, pacto que se expresó con toda crudeza en el golpe militar de 1930.

La restauración conservadora de la "década infame" no pudo soslayar que la industrialización era relevante para el crecimiento económico, sobre todo por las condiciones externas tras la crisis mundial de 1929. Privilegiaron el sesgo agroexportador del país y permitieron que la industria sustituyera importaciones, aunque desecharon políticas de participación económica activa del Estado.

El peronismo en el poder generó cambios sustanciales en la estructura social y económica del país. La industrialización era el objetivo. La sustitución de importaciones y el Estado como principal agente económico fueron los instrumentos elegidos para alcanzarlo. Pero el nuevo diseño produjo dos grandes distorsiones: un Estado empresarial ineficiente y sin visión exportadora, y crecientes expectativas en el mercado interno. Fue una industrialización individualista, sin planificación, una economía con limitaciones y autodestructiva. Bajo su sombra creció una nueva dirigencia empresarial que desconocía el verbo competir, mientras la vieja dirigencia usufructuaba el mercado interno a la espera de que el peronismo cayera por su propio peso. Cuando sobrevino el derrumbe, en 1955, la renovada vieja dirigencia volvió a tomar el timón tentando la apertura de la economía. Este proceso llevó varias décadas, tuvo tres hitos –Krieger Vasena, Martínez de Hoz y Cavallo– y se encontró con tres obstáculos: la visión estratégica del nacionalismo militar, los empresarios ligados al industrialismo peronista y la férrea oposición del peronismo a través de sus cuadros sindicales. La presidencia de Arturo Frondizi y los famosos contratos petroleros fueron la encarnación de esas fuerzas en pugna que siempre terminaban empatando, mientras el país no iba ni para atrás ni para adelante. El primer intento de desempate en favor de los empresarios vinculados al campo, las finanzas y los grupos transnacionales, fue el gobierno militar de Juan Carlos Onganía.

Tras el fracaso castrense y con el peronismo gobernando por tercera vez –en condiciones radicalmente distintas que en 1945–, las corporaciones económica y militar resolvieron, en sociedad, que el gran enemigo a vencer era la "ineficiencia". Esa categoría incluía al Estado como empresario, al sindicalismo como expresión de lucha de los trabajadores y a la industria nacional como "despilfarradora de divisas". Desde entonces, pese a los intentos del alfonsinismo, más allá de los deseos y promesas de la Alianza, la Argentina fue ahondando siempre su estado crónico de crisis.

Dicho de otro modo, la crisis argentina registra diversos orígenes y se arrastra desde hace décadas. Dejando de lado los costos por la globalización de la economía y los que se han pagado por situaciones externas, tanto la clase política como la clase empresarial argentinas son los responsables directos, contundentes de esa crisis. Basta mirar –aunque sea odioso– el ejemplo continental para tomar conciencia de las limitaciones de los dirigentes argentinos. La ambición de ganancias rápidas de los empresarios, la impericia o venalidad con que los políticos manejaron los asuntos económicos, derivaron primero en una industrialización aluvional y en una desindustrialización brutal luego.

La clase empresaria siempre fragmentada, facciosa, nunca quiso o nunca supo liderar un proyecto comprometido con el destino de la Nación. En cambio utilizaron al Estado para favorecer sus negocios, para transferir la riqueza de los bolsillos raídos de millones de argentinos a sus cuentas cifradas en Suiza. En vez de encolumnarse tras políticas de Estado se concentraron en el lobby y la prebenda sin el coraje, sin el dinamismo ni los riesgos que asumen los verdaderos emprendedores capitalistas. Políticos y empresarios en conjunto dejaron finalmente avanzar un modelo socio-económico que terminó condicionándolos. Las pequeñas y medianas empresas, producto del emprendimiento del país posible integrado política y económicamente a través de un mercado interno razonable, fueron arrasadas por esa lógica dependiente, por el sabotaje de la vieja dirigencia empresarial y la ineptitud de los cuadros políticos que dijeron representarlos.

¿Cómo ocurrió que la Argentina, uno de los diez países más poderosos del mundo a fines del siglo XIX, se encuentre entre los más atrasados a fines del siglo XX? Lo que sigue es un intento de recordar la historia de ese proceso.

Introducción

En los últimos veinte años los fundamentalistas del libre mercado han convencido al mundo de que la libre circulación de bienes y dinero asegura el agrandamiento de la "torta", la expansión de la riqueza. Si bien esto es cierto, los mismos economistas no saben qué contestar cuando se les pregunta cómo se distribuyen las porciones.

Se supone que las instituciones representativas de cada uno de los Estados nacionales, presionadas por sus ciudadanos, sobre todo en los países democráticos, deberían limitar la ambición del poder económico. Pero, ¿cuál es el límite de esa ambición? Este es un interrogante esencial de nuestro tiempo. ¿Es estatal, religioso, moral, político? Sea cual sea la respuesta, la verdad es que pocas naciones del mundo han podido frenar la voracidad monopólica del capitalismo de fin de siglo. Toda resistencia parece destinada a sucumbir bajo la ideología universal del mercado, o si no, bajo la prepotencia del dinero. Se ha impuesto la idea de que el mercado, él solo, mágicamente, es capaz de distribuir los recursos en forma equitativa. La política abrazó esta lógica y nunca ha sido tan evidente en la Argentina la desnudez obscena de la ambición empresaria como lo es hoy.

Según David Korten, autor de *When corporations rule the world*, dos tercios del comercio internacional se realiza a través de compañías transnacionales, mientras que el otro tercio se hace al interior de las mismas. La Organización de las Naciones Unidas ha reconocido que las pequeñas y medianas empresas, generadoras de empleo por excelencia, están desapareciendo tras el avance demoledor de las grandes corporaciones.

El nuevo "modelo" mundial compele a la estandarización de la producción, a la uniformidad del consumo y a la homogeneización cultural, y se caracteriza por la volatilidad de grandes masas de capital amasadas en la concentración económica. Aquellos gobiernos que se oponen al "modelo" son acusados de entorpecer el libre mercado y si además se trata de países emergentes como la Argentina, el yugo de la dependencia financiera se aprieta cada vez que se susurra la posibilidad de, al menos, encauzar la voracidad del capital. El propio ex asesor de Margaret Thatcher, John Gray, reconoce en *False Dawn* que la globalización sin control rompe la cohesión de las sociedades, desune comunidades, desdibuja nacionalidades, remueve en definitiva aquello que era familiar y cotidiano: un trabajo, un negocio, una carrera[1].

El especialista en cajas de conversión –en convertibilidad– John Williamson aclara: "Yo nunca sugerí la libre movilidad del capital en el Consenso de Washington". Aunque ahora aboga por limitar esa libre movilidad que torna inestable cualquier economía nacional, la "conversión" de Williamson tal vez haya llegado demasiado tarde[2].

---

1 Cfr. revista *Newsweek*, octubre de 1998, "Los fracasos del libre mercado", nota de opinión de Sadruddin Aga Khan.

2 Uno de los movimientos basados en las propuestas del premio Nobel James Tobin, denominado ATTAC, propone gravar las transacciones financieras y paliar con el producido el hambre y la miseria de los países más pobres.

Ya en 1953, cuando dejó la Casa Blanca, el presidente republicano D. Eisenhower había denunciado la amenaza que representaba para la Unión el lobby de las empresas de armamentos para adjudicarse las licitaciones de la gran potencia. Se sospecha además que fueron responsables, en parte, del asesinato de J. F. Kennedy. Antes de la llegada al gobierno de los socialismos francés, español y alemán –Francois Mitterand, Felipe González y Helmut Schroeder– en las décadas el '70 al '90, hubo formidables fugas de grandes capitales que hicieron trastabillar a las economías europeas. Sin embargo los socialistas que venían a "salvar" el Estado de Bienestar terminaron aplicando las mismas políticas neoliberales que Margaret Thatcher impuso al Reino Unido, una pródiga economía de mercado en función de una acelerada concentración de la economía.

El nuevo líder del Partido Socialista Obrero Español (PSOE), José Luis Rodríguez Zapatero, declaró recientemente en un foro político que su partido trabajará para disminuir "el poder y la prepotencia de los grupos económicos". Para Zapatero el problema no es el mercado sino el "falso" mercado: "La concentración de los grupos económicos que protegen los gobiernos"[3]. Paradójicamente, se estaba refiriendo a la influencia de grupos económicos que el anterior premier socialista Felipe González apañó durante su catorce años de gobierno[4].

---

3 Diario *El País* de Madrid, viernes 20 de octubre de 2000.

4 Los empresarios dedicados al turismo en las Islas Baleares acaban de regalarle un yate al rey Juan Carlos. Treinta de ellos aportaron 572.000 dólares cada uno para cubir el costo total –casi 18 millones de dólares– del flamante Fortuna III, patrimonio nacional destinado al uso exclusivo de la familia real. Es que el rey pasa sus veranos en Mallorca disfrutando de los deportes marítimos, patrocinando competencias de gran prestigio, promocionando, con su sola presencia que

Eso sí: ni Eisenhower ni Mitterand ni González ni Schroeder cedieron todo el terreno. Tampoco lo hicieron otros dirigentes mundiales. Y no se convirtieron precisamente en héroes nacionales por conciliar con el poder empresario el necesario control del Estado. Sin duda, en el sistema capitalista, en una economía de mercado, el poder empresario es decisivo. No obstante nadie hace todo lo que quiere o se le antoja. Hay leyes que ponen freno a los monopolios y otras tantas regulaciones que garantizan que el verdadero engranaje del capitalismo funcione como corresponde. Se dictan leyes antitrust, sentencias judiciales que exigen indemnizaciones a las industrias contaminantes o cancerígenas y castigos a las conductas monopólicas. Sin embargo el "casamiento" de las grandes corporaciones con la Casa Blanca, antes y después del día de elecciones, es comentado –y vituperado al mismo tiempo– desde el siglo pasado. A pesar de la abundancia, empleo e incremento en los ingresos registrados durante el año 2000, producto del período de crecimiento económico más extenso de su historia, los norteamericanos están preocupados. Una encuesta emprendida por Business Week/Harris Poll, dice que las tres cuartes partes de los consultados piensa que las empresas privadas han adquirido demasiado poder sobre demasiados aspectos de la vida de las personas[5].

El público apoyó el sentimiento expresado en la convención demócrata de ese año por el candidato presidencial

---

atrae a los medios de prensa y a cientos de curiosos, el turismo mallorquino. La extremista organización vasca ETA conminó a esos empresarios a pagar, "ya que les sobra", 343.000 dólares cada uno en concepto de "impuesto revolucionario".

5 Investigación de *Business Week*, reproducida por el diario *El Cronista* del 4 de septiembre de 2000.

Al Gore cuando declaró que los ciudadanos debían decirle "no" a las grandes tabacaleras, a las grandes petroleras, a las grandes contaminadoras, a los laboratorios. "Hay una sensación generalizada de injustica y desconfianza, la gente piensa que las compañías no están jugando del todo según las reglas", dicen los expertos en opinión pública. Al mismo tiempo muchos estadounidenses no están recibiendo el porcentaje de riqueza que les corresponde y están comenzando a darse cuenta. Los altos ejecutivos echan leña al fuego otorgándose paquetes salariales multimillonarios que todos consideran excesivos. Los líderes empresariales son percibidos como insensibles y más preocupados por las ganancias que por aquellos a los que supuestamente deben servir.

Sin embargo, más allá de todo eufemismo, la campaña electoral norteamericana 2000 donde lidiaron el demócrata Al Gore y el republicano George W. Bush costó 304 millones de dólares, récord en la historia de los Estados Unidos. Ambos candidatos fueron –como señalaron observadores calificados– títeres de los grandes intereses económicos[6]. Según el Centro para una Política Responsable, una organización independiente, el republicano Bush recibió de las grandes empresas 176 millones de dólares, mientras que su rival consiguió 128 millones. Estas cantidades incluyen los 67 millones de dólares que el Estado Federal entrega a cada candidato, según especifica la ley electoral.

Si en 2000 el monto fue de 304 millones, en 1996 había llegado a 230 millones y en 1992 a 106. En ocho años la inversión por un presidente se triplicó[7].

---

6 Diario *Clarín*, 3 de noviembre de 2000, nota enviada por Ana Barón, corresponsal en Washington.

7 Tradicionalmente los grandes recaudadores de fondos electorales han sido los republicanos, cuyas conexiones con la comunidad empresarial son muy fuertes. Sin embargo con la llegada de Bill Clinton

El poder de las grandes empresas en la era de la globalización no conoce fronteras. En julio de 2000 el presidente ruso Vladimir Putin, ex jefe de la KGB, cargó contra la "oligarquía" rusa: un minoritario grupo de empresarios multimillonarios que no son otra cosa que los ex gerentes comunistas de las empresas estatales, privatizadas tras el derrumbe de la URSS. Nunca pudo saberse con precisión si fue una acción coordinada por Putin con fines políticos, o bien un exceso de celo de funcionarios que quedaron relegados en el reparto de riquezas. En Moscú se afirmó entonces que los grandes magnates cortejaron el poder durante años, influyendo en decisiones políticas clave con dinero y control sobre los medios de comunicación. Los empresarios respondieron con dureza: Anatoli Chubáis, padre de las privatizaciones rusas según recomendaciones del Fondo Monetario Internacional y cabeza de la empresa monopólica de electricidad Sistema Energético Unido (SEU), dijo que esos ataques eran "políticos" y un "intento de destruir los fundamentos del Estado ruso". Agregó que se trataba de una "revancha comunista" contra su compañía, que con 440.000 accionistas representa casi la mitad del mercado de valores de Rusia[8].

En tanto en Europa y los Estados Unidos la burocracia estatal aseguraba hasta hace poco la autonomía relativa del Estado, en la Argentina ha sido el botín de los "punteros políticos" –civiles o militares– que lo vienen colonizando

---

a la Casa Blanca en 1992 la competencia se emparejó. Se debe recordar que para obtener fondos Clinton no sólo llegó a "alquilar" el cuarto que usaba Abraham Lincoln en la Casa Blanca, sino que también vendió tumbas en el cementerio de Arlington a civiles con plata que, por ley, no pueden ser enterrados en ese territorio venerado por la Nación.

8 Diario *El País* de Madrid, 15 de julio de 2000.

desde hace décadas con cada cambio de gobierno en perjuicio del campo popular, en sociedad con el poder económico. Una lógica perversa que determina que es más acuciante responder a los deseos del mercado que a las esperanzas de los votantes, parece no tener solución, por lo menos para nuestra dirigencia política. Mientras tanto cada vez más desembozadamente el poder empresario viene fijando la agenda política argentina y "eligiendo" ministros de acuerdo a sus intereses.

Meses antes de asumir su mandato como representante de la vencedora Alianza entre el Radicalismo y el Frepaso, el presidente Fernardo de la Rúa, su vice Carlos Álvarez, el inminente jefe de gabinete Rodolfo Terragno y Graciela Fernández Meijide se dedicaron a calmar a "los mercados". Ya entonces el programa que los llevó al triunfo no tenía demasiado peso. Lo único que importaba era que los grandes grupos económicos nacionales y extranjeros radicados en el país "aprobaran" los futuros pasos del gobierno elegido por el pueblo. Es evidente que las medidas económicas de diciembre de 1999 y las que se conocieron a lo largo del año 2000 se gestaron en función de esos grupos a los que se denomina establishment, para no perjudicarlos, no atemorizarlos, sino seguir generándoles condiciones para una mayor acumulación de riqueza, sobre todo al sector financiero, al que se mantuvo inmaculado con cada una de las medidas de gobierno[9].

---

9 Además sigue habiendo componendas y favoritismos. La revista *Noticias* del 4 de noviembre de 2000 detalla la suspensión, a principios de año, del contrato con la poderosa empresa alemana Siemens para la fabricación de DNI. Una serie de errores empujaron al presidente De la Rúa a congelar la concesión y solicitar al ministro del Interior, Federico Storani, que interviniera el Registro Nacional de las Personas. En menos de un año, el Registro regularizó la entrega de documentos, a

Fueron los banqueros los que, insatisfechos con los tiempos del ministro José Luis Machinea dieron un empujón para que se fuera en marzo del 2001 y aprobaron el nombramiento de Ricardo López Murphy.

Estatizar, privarizar, industrializar, crear empleo, exportar, vivir mejor, son y han sido preocupaciones legítimas y constantes de los ciudadanos argentinos. Sin embargo los ha defraudado sistemáticamente una dirigencia política que les habla pero no los ve, atenta a la expresión muda y cómplice de la clase empresaria.

Este desenfreno antirrepublicano –los grupos empresarios se asemejan a un partido político, aunque no se presentan a ninguna elección popular– es el resultado de un proceso de décadas que se aceleró vertiginosa, arrolladoramente, cuando Carlos Menem y Domingo Cavallo desmantelaron definitivamente el Estado. A lo largo del período menemista hubo radicaciones por 63.000 millones de dólares, el producido por la venta de las empresas públicas muchas veces por montos irrisorios, sociedades que al poco tiempo, no precisamente por obra de un "buen management", arrojaron ganancias astronómicas.

Después del alboroto institucional que motivó su renuncia, el ex vicepresidente Carlos "Chacho" Álvarez en diálogo con Página 12, reflexionó: "Yo no creo que haya una cuestión ética por un lado y por otro, paralelo, vaya el tema económico. El modelo económico está absoluta-

---

un costo menor que la empresa privada. Storani incluso pensó ingresar el caso en la Ley de Emergencia Económica que prevé la anulación de los contratos que no beneficien al Estado. Pero los sueños del ministro se derrumbaron tras la entrevista entre el presidente De la Rúa y Carlos Sergi, lobbysta de Siemens. A comienzos de noviembre el presidente ordenó el levantamiento de la intervención y la restitución del contrato con la compañía alemana. Finalmente Siemens se retiró del negocio.

mente consustanciado. Si hay concentración, sobornos, si hay compra y venta de leyes, plata negra, eso es el modelo económico. En ese marco, la política pierde capacidad de regulación, de arbitraje, de fuerza, para defender el interés general... Si se crece desde la concentración y las prácticas corrompidas, se afecta la distribución y se afecta la equidad. Ésa es una de las discusiones de fondo que tendremos que tener hacia adelante[10]."

Las expresiones de Álvarez se complementan con las de los cada vez más numerosos economistas extranjeros, críticos del neoliberalismo, que llegan al Río de la Plata para alertar sobre los falsos profetas que predican la prescindencia de Estado, la apertura indiscriminada de la economía, el justo poder regulador del mercado. El profesor británico Lord David Currie of Maraylebone dijo durante una visita a Buenos Aires que en las privatizaciones emprendidas en la Inglaterra de los '70 y los '80 se cometieron innumerables errores: "los mecanismos de regulación son muy necesarios y dinámicos. Aunque no cambien las cuestiones básicas de las concesiones de servicios públicos, sí es lógico que se modifiquen ciertas cláusulas o condiciones. Lo que debe quedar claro es que la regulación estimula la competencia y ésta la innovación y la baja de las tarifas... Para evitar posiciones monopólicas debe separarse a los responsables del suministro de un servicio –gas o electricidad, por ejemplo– de quienes tienen la distribución a los consumidores[11]".

Decía Juan B. Alberdi a setenta años de lograda la independencia: "El empobrecimiento en el que ha caído

---

10 Diario *Página 12*, domingo 15 de octubre de 2000, entrevista de Susana Viau.

11 Diario *Clarín*, 28 de febrero de 2000.

y está la República Argentina no es una crisis, es un estado crónico, normal, tradicional que la forma el orden irregular en que viven sus intereses económicos... Todos y cada uno de los empíricos principios de que se compone el orden político y económico presente, parecen calculados para producir la pobreza del país[12]."

Muchas cosas han cambiado, pero la esencia se mantiene.

12 Juan B. Alberdi, *Escritos póstumos*, Buenos Aires, Ediciones Gizeh, 1990, p. 297.

Capítulo I

El capitalismo nacional prebendario

Para estudiar determinado proceso político o económico, aunque se trate de fenómenos actuales, siempre se puede ir productivamente más atrás en el pasado, buscar sus raíces en etapas históricas que pueden pensarse remotas, ajenas al objeto de estudio. Por lo tanto todo inicio, todo corte temporal, puede ser acusado de arbitrario. Si este ensayo toma como punto de partida 1945, ni antes ni después, es porque alrededor de esos años se consolidaron políticamente en la Argentina los actores de una historia económica plagada de desacuerdos, pujas corporativas, conductas mafiosas, intrigas palaciegas y luchas populares; los protagonistas de un proceso de acumulación capitalista prebendario y asistido, a costa del Estado, que en la década del '90 endeudaron al país en 50.000 millones de dólares, monto que se utilizó, cínicamente, para adquirir las empresas públicas vampirizadas, vaciadas por esos mismos protagonistas.

Durante la segunda posguerra del siglo XX, la Argentina definió un modelo de acumulación capitalista semiautárquico, una economía mixta dependiente del liderazgo del sector público.

Las políticas de inclusión social implementadas por el peronismo favorecieron, como ocurrió en otros países de América Latina, este tipo de esquema económico que pretendía centralmente el pleno empleo, la universalización de los servicios sociales, la regulación de la actividad económica y el desarrollo de la industria[1].

El proyecto peronista edificó un Estado que no representaba genuinamente los intereses de la sociedad como conjunto, sino que se convirtió en un actor decisivo que redefinió las alianzas políticas según un criterio que privilegiaba el mercado interno y el consumo, base de su sustento político, a diferencia del capitalismo asistido al estilo alemán o japonés, que privilegiaba el ahorro y la inversión. La insuficiencia de ahorro, y por lo tanto de recursos, fue determinante para que la industria argentina se estancara en una primera etapa de desarrollo. La segunda fase de la industrialización argentina –industrialización pesada–, indispensable para cerrar el ciclo económico, fue apenas una expresión de deseo del peronismo porque no pudo o no supo llevarla a cabo, fracaso que derivó en la crisis de 1952.

Hasta las presidencias consecutivas de Perón, el movimiento obrero argentino, surgido a la luz –muchas veces en la sombra– de la inmigración anarquista y socialista, se mantuvo lejos del Estado. Luego de 1945 –el PRI mexicano lo consiguió antes–, el sindicalismo se institucionalizó, se enredó en intrigas de poder, en apetencias personales y en grandes negociados. Perón

1 El caso Brasil, conducido por Getulio Vargas antes y después del gran conflicto bélico y de los gobernantes del Partido Revolucionario Institucional (PRI) en México.

transformó a muchos de sus principales dirigentes en "cómplices" y "sostenedores" de su régimen[2].

El empresariado argentino presentaba una heterogeneidad única en América Latina. Si sus pares de Brasil y Chile lograron nuclearse en función de objetivos nacionales, cada sector productivo argentino pugnó por sus aspiraciones, sus negocios, aún en perjuicio de los otros. El inicio de la etapa industrial de sustitución de importaciones (ISI), luego de la crisis de 1930, había sido el origen de este insalvable y progresivo tironeo de intereses interempresariales que se expresaban a través de sus esquemas de representación institucional y corporativa[3].

Además de estas pujas y contradicciones, la situación se agravaba por la particular estructura económica de la Argentina, regida por ciclos de expansión y estrangulamiento

---

2 No obstante, el sindicalismo argentino presentó –y aún lo hace– un sector combativo.

3 Diario *La Nación*, 12 de noviembre de 2000. El golpe de Estado de 1930 contra Hipólito Yrigoyen fue siempre vinculado a intereses empresarios petroleros. Lo habría promovido la Standard Oil contra los propósitos del radicalismo de gestar un concluyente monopolio estatal a través de Yacimientos Petrolíferos Fiscales. La nota de *La Nación*, que firman Carlos Mayo y Fernando García Molina citan la descripción de los episodios trazada por la revista norteamericana *Fortune* de marzo de 1931, v.III, p.132: "La revolución que derrocó a Yrigoyen, un cruzado fanático contra todo lo yanqui, incluyendo las compañías de petróleo. Fue él quien hizo intervenir al gobierno en la venta de nafta y quien, al rebajar los precios y manipular las ventas capturó el 22 por ciento de todas las ventas. Su derrocamiento fortalece la posición de Standard Oil en la Argentina". Fue con David Arias, sucesor de Horacio Beccar Varela en el Ministerio de Agricultura –a quien se hallaba supeditada la política petrolera– con quien amplió sus vínculos la Standard Oil. Cabe mencionar, en el gabinete del general José Félix Uriburu, al ministro del Interior Matías Sánchez Sorondo, quien había sido abogado de la Standard en el pleito que ésta había sostenido con la provincia de Salta.

externo. Este proceso terminaba enfrentando a los industriales –el núcleo de la ISI– y a los asalariados urbanos, con el sector rural: el aumento del poder adquisitivo de los salarios producía mayor consumo de productos del campo –commodities, bienes de exportación que generaban divisas–. La disminución de saldos exportables desembocaba en desequilibrios en la balanza de pagos que afectaban a la industria reduciendo importaciones por falta de divisas.

Luego de cada ajuste para equilibrar las cuentas públicas, los industriales por un lado y los obreros por otro presionaban sobre el Estado para recuperar terreno y así, compulsivamente, volvía a darse una etapa de expansión que se agotaba por los mismos motivos[4].

Este esquema según el cual el salario y el tipo de cambio fueron las variables de ajuste se mantuvo, con variantes, hasta 1976, si se quiere hasta la Convertibilidad en 1991. Los beneficiarios del modelo –no siempre los mismos, aunque siempre hubo ganadores y perdedores– fueron aquellos grupos que nucleaban a los empresarios más concentrados y oligopólicos ligados al capital internacional. Su ventaja consistía en que durante la etapa expansiva aprovechaban la demanda agregada y en el momento recesivo sus costos eran menores porque tenían acceso al crédito externo. Y además porque iban ganando espacio en la espiral de oligopolización creciente.

Para darle forma, color y un interlocutor conveniente al modelo peronista, se creó la Confederación General Económica (CGE). Mientras que el sector agropecuario había mantenido históricamente cierta representación

---

4 Guillermo O'Donnell, "Estado y Alianzas en la Argentina, 1956-1976", en *Contrapuntos*, Buenos Aires, Paidós, 1997.

homogénea alrededor de la Sociedad Rural (SR), el sector industrial estaba más atomizado: ya existía la Unión Industrial Argentina (UIA), que reunía a los establecimientos bonaerenses, pero no a las firmas que desarrollaban sus actividades en el interior del país. De este modo nació en los años '50 la Confederación General de la Industria (CGI), institución que hablaba por los empresarios de las provincias, excluidos los de Buenos Aires. La CGE, núcleo de la burguesía nacional, se integró con "desertores" de la UIA y empresarios del interior. José Ber Gelbard, futuro ministro de Economía durante los '70, jugaría desde allí un papel determinante. Junto a la Confederación General del Trabajo (CGT), controlada por el movimiento obrero peronista, eran las corporaciones que negociaban el poder.

La CGE creía en la necesidad de un Estado fuerte y planificador; en concertar con los sindicatos las estrategias orientadas por el gobierno; en limitar la ingerencia del capital extranjero en áreas "estratégicas". Barrida por la Revolución de 1955, reimplantada por Frondizi, vuelta a disolver en 1976 y reaparecida sin ningún poder real en 1984, la CGE dependió siempre de los períodos de gobierno democráticos para "operar" en el Estado.

La Unión Industrial Argentina y la Sociedad Rural resistieron con tenacidad la discusión política con los sectores obreros. Tanto la organización y legitimación de los sindicatos, como el desarrollo de un proyecto industrial que no obedeciera a los intereses de los agroganaderos fueron asuntos difíciles de digerir y considerados por los empresarios liberales de todos los sectores como un avance del Estado en cuestiones privativas del mercado[5]. Por estas

5 Los bancos nacionales adhirieron a esas consignas.

razones y también por otras –se habían hecho expropiaciones de tierras– la Sociedad Rural fue monolíticamente opositora al peronismo, mientras que en el seno de la UIA el sector "liberal" se oponía al grupo "nacionalista" que se beneficiaba con la sustitución de importaciones formulada por el peronismo. Para resolver la disputa el gobierno justicialista, siempre atento al cuestionamiento de sus consignas, revocó la personería jurídica de la UIA –le fue devuelta por la "Revolución Libertadora"–, hecho que marcaría a fuego la percepción del empresariado "liberal" sobre la democracia, o por lo menos de la democracia en clave peronista[6]. Desde entonces, como defensa de sus intereses, incluso de su propia existencia, fueron cómplices materiales e ideológicos de cada golpe de Estado. En franca contradicción con la "esencia liberal" que decían predicar, mucho más cerca del fascismo que del pensamiento clásico, adhirieron una y otra vez a la aplicación sistemática y progresiva de métodos violentos para que "el país se encarrilara y se integrara al mundo", de una buena vez por todas.

La Sociedad Rural celebró calurosamente el triunfo de la "Revolución Libertadora", y al tiempo que saludaba el fin de una "década de vergüenza"[7], sus dirigentes ocupaban los ministerios claves en el gobierno de la provincia de Buenos

---

6 Carlos Acuña, *La nueva matriz política argentina*, Buenos Aires, Nueva Visión, 1995. Los "liberales" –SRA, UIA, CAC y otros menores– constituyeron en dos períodos nuevas asociaciones: la Acción Coordinadora de las Instituciones Empresarias Libres (ACIEL 1958-1973) y la Asamblea Permanente de Entidades Gremiales Empresarias (APEGE 1975-1976), ambas concebidas como instrumento de confrontación con la CGE. Cfr. p. 237.

7 Alain Rouquié, *Poder militar y sociedad política en la Argentina*, Tomo II, Hyspamérica, Buenos Aires, 1982, p. 130.

Aires. De allí en más los secretarios de Agricultura serían designados con el "visto bueno" de la gente del agro.

El gobierno militar guiado por el plan y el asesoramiento de Raúl Prebisch, se suscribió al Fondo Monetario Internacional y al Banco Mundial, inaugurando la necesidad de generar "confianza" en los sectores externos.

El fatigoso y violento período 1955-1966 estará signado por la imposibilidad de consensuar una salida política legítima. El retorno de la democracia estaba condicionado a la exclusión del peronismo –un derecho a veto que se arrogó la derecha– y los dos ensayos de elección ciudadana –Frondizi, Illia– culminaron con golpes de Estado.

Pese a todo, el Estado empresario siguió siendo por muchos años el principal actor de la economía y el sostenedor final del modelo de acumulación. Pero ninguno de los sucesivos gobiernos logró conformar una estructura sustitutiva del "puente" Estado-sindicatos-empresariado nacional forjado por el peronismo y disuelto en 1955. Las erráticas estrategias gubernamentales, la ausencia de mínimos denominadores comunes, la miopía política, derivaron en permanentes disputas entre corporaciones, partidos, agentes económicos, gobiernos militares, que volvieron imposible cualquier solución política estable. El déficit político y económico del Estado –árbitro, actor y objeto de la competencia– se tradujo en ineficiencia, y la puja distributiva en procesos inflacionarios que comenzaron a ser crónicos, tanto como un sistema tributario cada vez más regresivo. La lenta agonía del Estado duró hasta su agotamiento definitivo.

En términos económicos es relativamente sencillo comprender la sucesión de golpes militares. El ensayo democrático de Arturo Frondizi muestra que su decisión de abrir el mercado nacional a los capitales extranjeros y contradictoriamente negociar con el peronismo, no era una "jugada lícita"[8]. Exponer la acumulación al "peligro" de las demandas populares era un riesgo que una burguesía aleccionada por el propio peronismo no quería correr. No estaba dispuesta a ceder nuevamente la iniciativa o a entregar el manejo del Estado a las "hordas zoológicas", como algunos denostaban.

La experiencia de Illia fue similar. Lo que exasperó esta vez a la alta burguesía criolla fue la incapacidad del gobierno para solidificar una política económica que arrancó anulando los contratos petroleros firmados por Frondizi replegando la economía hacia el mercado interno, acción que favoreció, en última instancia, a los sectores populares y a la pequeña y mediana industria "dilapidadora de divisas" y "bolichera", en la óptica de los empresarios oligopólicos. De manera que el Partido Militar ofició de garante para que el sistema capitalista asistido siguiera funcionando.

La ola de dictaduras militares que se desató en toda América Latina reservó el manejo de la política y sobre todo de la economía al –la denominación es de O'Donnell– "Estado Burocrático Autoritario", gobiernos regidos por la coacción militar y el "orden" de los tecnócratas económicos, sostenidos por las burguesías nacionales.

El onganiato fue el primero de los dos intentos de "disciplinar" férreamente a la Argentina y a los argen-

---

8 Influyeron también los conflictos que separaban a los militares en "azules" y "colorados", es decir, entre nacionalistas politizados y legalistas o profesionales. Otros planos los dividían, como la "suavidad" con el peronismo de los "azules" y el rabioso antiperonismo de los "colorados". En 1962 se enfrentaron en combate.

tinos[9]. Pero su propia hibridez militar-burguesa en cuyo interior luchaban, por un lado, y sordamente, principios liberales contra nacionalistas, y por otro los intereses mezquinos de cada facción de la burguesía, minaron desde el vamos el futuro de Onganía. La primera disputa desnudó el proceso de dominación. La segunda debilitó la capacidad estatal de definir un rumbo cierto. Ambas mermaban constantemente la legitimidad –en realidad nula– del gobierno ante la ciudadanía. Las luchas populares que estallaron en el "Cordobazo" en 1969, y otros movimientos de insurrección popular, hicieron añicos la idea de que una "dictadura blanda" pudiera poner al país "en la senda del progreso".

Crisis tras crisis, se echaba mano a los viejos ajustes para "resetear", una y otra vez, las variables económicas. Pero a principios de los '70 el círculo vicioso de inflación para cubrir déficit fiscal encontró serios escollos cuando los actores económicos a la defensiva comenzaron el proceso de dolarización, estrategia que tornaría cada vez más inocuos los ajustes inflacionarios que de todos modos drenarían las arcas fiscales en una lenta pero inexorable ruta hacia la apropiación del Estado por los grupos dominantes. El efecto Olivera-Tanzi se ponía en funcionamiento[10].

---

9 Una pátina de puritanismo y de hipócrita moralismo se enseñoreó en todos los estamentos del gobierno. El Jefe de Policía de la Capital se entretuvo un buen tiempo en irrumpir en los hoteles alojamiento y convocar allí a esposas o maridos traicionados. La "noche de los bastones largos" acabó con los "rebeldes comunistas universitarios" pero en realidad promovió uno de los éxodos más importantes de científicos y profesores universitarios de todo el siglo, sólo superado luego de 1976. Los ministros no fumaban delante del general Onganía por temor a un reto.

10 Este efecto es descripto como la capacidad de neutralizar el impuesto inflacionario, con lo que el tiempo entre crisis y crisis se acortaba y sus efectos empeoraban.

La situación política hacía impensable un ajuste neoliberal como los que vendrían más adelante. Se mantenía un equilibrio precario y disfrazado mientras las bases del Estado aguantaran. Aún se prefería el déficit fiscal al ajuste de gastos. En medio del caos cíclico, la necesidad de financiamiento alternativo alcanzó a las cajas jubilatorias, a los aumentos en las tarifas de servicios públicos y a regímenes de promoción industrial definidos por la urgencia, por la coyuntura, por la colonización del Estado y no por un plan de crecimiento sostenido y consensuado[11].

El propio Perón en su tercer mandato percibió antes de morir que sin un pacto nacional el país era ingobernable. De 1970 a 1975 el juego perverso de inflación más gasto público desaforado hizo eclosión. Durante ese período se verificó el último intento de política económica "nacional y popular" diseñada y llevada a cabo por la CGE. Pero la crisis del petróleo de 1973, la caída de los precios internacionales de los productos que exportaba la Argentina, el cierre de los mercados de la Comunidad Económica Europea a las ventas argentinas y el clima de inestabilidad política en el plano local fueron situaciones que el peronismo no pudo conjurar. La muerte de Perón no hizo más que acelerar un proceso de descomposición que volvía a ratificar la ley no escrita que decía que las democracias en la Argentina duraban poco. A fines de 1975 las organizaciones empresarias pedían a gritos la

11 El nombramiento de cuadros administrativos de carrera, o por concurso, ha sido una deuda del Estado que se saldó recién con el menemismo, cuando los técnicos sólo pudieron administrar el ajuste y no un proyecto de país. Recién en 1987 se hicieron los primeros estudios serios sobre los cambios impositivos realizados en las dos décadas anteriores.

intervención militar –en realidad pedían un golpe de Estado, porque los militares venían interviniendo desde hacía rato– para poner "orden" en un campo donde batallaban sindicalistas, izquierdistas, derechistas, ante la mirada impávida, los gritos histéricos y el grave vacío de poder que significó la presidencia de Isabel Martínez, viuda de Perón. Durante el período militar autodenominado Proceso de Reorganización Nacional (PRN) se pusieron en práctica sistemática las políticas de transnacionalización y concentración económica iniciadas tibiamente por los tecnócratas del onganiato. Con la dictadura "comienza la etapa de transformación destructiva del aparato productivo nacional", para decirlo con las palabras de Barbeito y Lo Vuolo[12].

A pesar de que los indicadores económicos no evidenciaron un cambio substancial, la política económica del "Proceso Militar" 1976-1982 dejó una huella profunda que condicionó la economía –y la política– argentina de los años siguientes. Tras el caos peronista de los '70 como antecedente inmediato se implantó la dictadura más extensa, profunda y violenta de la historia argentina, apoyada explícitamente por los medios de comunicación en manos del "pensamiento liberal" que respaldaron no solamente las políticas de ajuste implacable –más allá sus éxitos y fracasos–, sino también los crímenes de la represión. Al plantear la pregunta sobre los resultados de la política económica del "Proceso", afirmamos junto al economista Jorge Schvarzer que el "éxito" fue absoluto[13]. Porque las

---

12 Alberto C. Barbeito y Rubén M. Lo Vuolo, *La modernización excluyente*, Buenos Aires, UNICEF/CIEPP/LOSADA, 1992.

13 Jorge Schvarzer, *La política económica de Martínez de Hoz*, Buenos Aires, Hyspamérica, 1986.

estructuras de poder cambiaron definitivamente favoreciendo la concentración de la riqueza, la centralización de la economía en pocas manos empresarias o financieras y colocando el yugo de la deuda externa como ancla de la élite económica, de manera tal que el rumbo fuera inmodificable[14].

El equipo de tecnócratas del "Proceso" reunía los requisitos personales y sociales para la tarea: pertenecía al establishment, sostenía ideas acordes a su extracción, y además contaba con buena imagen y llegada a los organismos financieros internacionales, factor indispensable para contrarrestar la cara militar del gobierno y sacar al país de su cuello financiero. A pesar de estas ventajas, del apoyo de un sector de la prensa –y el silencio obligado del resto–, de una opinión pública favorable o al menos expectante, de la falta de oposición política y sindical, y más allá de contar con el factor fuerza para lo que fuera necesario, la gestión económica arrancó con desavenencias en el frente interno, entre los postulados del discurso del 2 de Abril de la junta militar y lo que realmente se llevaría a la práctica. La batalla ideológica decisiva –derecha económica internacional versus nacionalismo militar– fue ganada definitivamente por los tecnócratas del Ministerio de Economía cooptando y asociando sectores militares del gobierno al proyecto político y económico de la élite. Asegurado el financiamiento externo, el equipo económico de la dictadura se fijó, en el frente interno, tres objetivos

14 Es importante remarcar que el menemismo repitió hasta el cansancio que "no hay vuelta atrás", "el modelo económico es uno solo y no se discute", creando de esta manera un microclima de autoritarismo dentro de la formalidad democrática al afirmar políticamente el rumbo económico trazado por la dictadura militar.

de corto plazo: disminuir el déficit del sector público, reducir los salarios reales, modificar los precios relativos hacia un nuevo equilibrio[15]. Como objetivo central a mediano y largo plazo, se propuso modificar de raíz la economía nacional a través de la herramienta monetaria, es decir, de la reforma financiera que permitiría un proceso de acumulación a partir de la "racionalización" que el propio mercado haría de la estructura productiva. El equipo económico sostenía que el mero control de las variables de política monetaria era suficiente para encauzar las finanzas, omitiendo los indicadores de la economía real –cierre de fábricas, recesión, etc–. Las características del nuevo mercado financiero, que exigía grandes capitales para participar del "juego", crearon una barrera infranqueable para los pequeños y medianos productores, quedando en manos de la élite las mejores posibilidades. Esta política será también el origen de los mayores desaguisados, negociados y comportamientos irracionales que el país sufriera.

Una de las reformas económicas e ideológicas más importantes emprendidas por la dictadura fue el inicio de la acelerada e irregular privatización de empresas estatales, dentro de lo que se denominó la eliminación del "Estado subsidiario", es decir, el retiro del Estado ante el avance avasallante del mercado. Y aunque el afán privatizador fue poco efectivo, inauguró un proceso que sería llevado a cabo de la forma más costosa para el país, casi una década

15 Cumplidos momentáneamente con la ayuda financiera del exterior, volverían a hacer crisis en el '81 por las intrigas dentro de las Fuerzas Armadas y el ascenso del general Roberto Viola, que no era proclive a las recetas de Martínez de Hoz. La corrida cambiaria que se desató con la caída del Banco de Intercambio Regional –vaciamiento de las reservas acumuladas a fuerza de préstamos internacionales–, demostraba el carácter disciplinante de la dependencia del mercado financiero.

más tarde. En forma global, el gobierno militar se había limitado a ocupar las empresas públicas con avidez y espíritu de rapiña en el reparto de escritorios. A falta de la pugna entre partidos, los enfrentamientos entre las tres fuerzas –y entre grupos en cada una de ellas– mostró la misma dinámica, pero la desnudez de su fuerza represora imprimió a la lucha por los cotos de caza y los resortes de las prebendas, el correspondiente toque mafioso. Desde esta lógica de "coto de caza", privatizar las empresas públicas era improbable. Por otra parte la política de financiamiento externo inaugurada por el gobierno hizo posible el ingreso de divisas que fueron convertidas rápidamente en gasto público desenfrenado. En 1980 superó los 70.000 millones de dólares, el triple de lo gastado entre 1964 y 1972. La conducción económica trataba de contener el gasto pero los militares, en defensa de sus distintas "quintas", llegaron a atentar contra la vida de algunos funcionarios –caso de la disputa por las obras para el Campeonato Mundial de Fútbol de 1978– y hasta el asesinato[16].

Lo mismo se verificaba con los gobernadores militares de las provincias, que hacían lobby en beneficio de demandas sectoriales y particulares. Los acuerdos forjados entre interventores castrenses y la conducción de los sindicatos, a propósito de las obras sociales o las políticas de promoción industrial aplicadas en distintas provincias son una muestra cabal de la acción política de militares que buscaban legitimarse a cambio de favores –es el caso del general Domingo Bussi, votado como gobernador de

---

16 Bomba contra la vivienda del secretario de Hacienda Juan Alemann, atentado dinamitero contra la casa del secretario de Programación Económica Guillermo W. Klein. Sólo la estructura de ATC, a la que Juan Alemann se oponía, costó 800 millones de pesos.

Tucumán en los '90–. Curiosamente, los sectores privatizados no fueron los más importantes, aunque sí muy rentables, al igual que algunas concesiones y obras públicas nuevas. Con lo que al final del "Proceso" el Estado mantenía su envergadura y había multiplicado su déficit. Al mismo tiempo un sector privado relativamente pequeño todavía, beneficiario de los negocios con el poder militar, ya estaba enquistado en el cuerpo estatal como embrión de la "patria contratista". Porque si bien es cierto que la política industrial estuvo regida por la apertura y el principio que supone mejor que las industrias subsistan por sí mismas o desaparezcan como lo determine el mercado, también es verdad que se aplicaron regímenes de promoción orientados hacia determinadas empresas más que hacia ramas generales de la industria. Las empresas transnacionales como General Motors, que desde la apertura frondicista en 1958 hasta 1976 ocuparon el centro de la escena, se retiraron de un mercado interno saturado. Su lugar lo ocuparon los grupos empresariales locales que crecieron a costa del Estado. El veterano Paul Samuelson llamó "fascismo de mercado" a este verdadero capitalismo asistido. Los grupos socios del poder –los únicos que crecieron en la década del '80– fijaban los precios en el mercado interno en tanto eran monopólicos en su sector, contaban con subsidios generosos y lograban protección arancelaria. En el exterior colocaban sus saldos exportables a precio menor que el local, incluso por debajo de los costos de producción.

Más allá de la apertura indiscriminada de la economía y la reforma financiera, la efectividad reformadora liberal de la corporación militar fue escasa. Al contrario, mantuvieron subsidios, regímenes especiales y beneficios selectivos manipulados políticamente y en interés de unos pocos.

Hasta el sostenimiento del pleno empleo como prenda de legitimación ante la ciudadanía se daba de patadas con las políticas neoliberales que emanaban del equipo económico. A diferencia de Chile, el "Proceso" no modificó formalmente las estructuras económicas del país. En definitiva, la casta militar sólo se apropió del Estado como botín de guerra y desquició la economía nacional. Inhábil para la reforma neoliberal, fue sin embargo altamente efectiva para destruir las bases que hicieran posible una política económica nacional y popular: el asesinato de cuadros enteros de extracción obrera, de intelectuales, la generalización del miedo, la destrucción de la pequeña y mediana industria y el aniquilamiento de los sindicatos combativos, eliminaron el "peligro popular". El gobierno de la dictadura marcó el punto de inflexión de la vida económica del país, la ruptura del movimiento pendular que la correlación de fuerzas le había impreso desde el fin del primer peronismo.

En adelante el péndulo quedará anclado de un lado sin posibilidad de oscilar hacia posiciones redistributivas. Por otra parte las variables y herramientas de control económico se irán enajenando en el torbellino de la globalización. Disuelto por su propia voracidad e incapacidad el "Proceso Militar" dejó un país destruido y colonizado por los grupos locales. Imposibilitado para articular instrumentos que elaboraran nuevas políticas públicas, agobiado por la deuda tras la guerra de Malvinas y por el alza de las tasas en 1982, el Estado herido emprendía el camino hacia su desguace.

El ejercicio del poder en manos de los militares modificó las relaciones entre la política y la economía, agotó los recursos del Estado –fiscales, institucionales, humanos– y haría inevitable la cuestionada entrada en una fase de antipopulares ajustes estructurales. La democracia tan anhelada regresaba en estas complejísimas circunstancias.

El gobierno radical liderado por Raúl Alfonsín asumió sin una idea clara del estado de las cuentas públicas, no se sabía a cuánto ascendía la deuda externa, la situación calamitosa de la estructura tributaria, ni el grado del descalabro general que incluía subsidios y prebendas acordados por el Estado. Tardaron en darse cuenta, avanzada ya la década del '80, que no se podía superar estos condicionamientos sin recursos intelectuales renovados, recurriendo a las viejas fórmulas que subestimaban la problemática económica. El mero acto de volver a las prácticas democráticas no limpiaba los efectos del nefasto legado militar. Pese a ello el gobierno inició su ataque a las corporaciones sindical empresaria y militar, convencido de que hallaría en la política la solución de los problemas. Propuso, además, la revisión de la deuda externa.

El fracaso en cada uno de estos enfrentamientos se tradujo no sólo en reveses políticos y el agravamiento de la situación fiscal, sino que el incumplimiento de los compromisos con el electorado socavó la legitimidad del gobierno[17]. Alfonsín descubrió a poco de andar que el peso de los votos no alcanzaba para revertir la "Argentina autoritaria de las corporaciones".

El peronismo, el otro importante actor de esta obra nacional, parecía condenado a la extinción luego de su derrota en 1983. Por este motivo Alfonsín esperaba que el Justicialismo perdiera su carácter de movimiento, que abandonara los lazos con el sindicalismo para convertirse

17 Pese a haber ganado las presidenciales por amplio margen, el radicalismo gobernaba con un Senado opositor –en manos del Justicialismo–, situación que se agravaría luego de las legislativas de 1987.

en un partido político convencional. La llamada "Renovación Peronista" encarnó este deseo del presidente y una necesidad de rearmarse tras el fracaso inesperado en las elecciones. Pero más allá de algunas reformas importantes como la elección de candidatos por comicios internos, el Justicialismo persisitió abrevando en la tradición movimientista, siguió mostrando a Evita y al General, recordando al electorado que los años de oro podían repetirse ante un eventual cambio de gobierno. La inflación se mantuvo en niveles groseros durante los primeros años del advenimiento de la democracia. 1983 marcó el 402%, en 1984 trepó al 715% y ya en Abril de 1985 había superado la barrera de los cuatro dígitos: 1.020%. La emisión de moneda, necesaria para financiar el gasto público que había crecido el 1.700% por año, era el volátil combustible de la inflación.

El Plan Austral fue concebido como relanzamiento de un gobierno políticamente debilitado y también como el primer intento serio para detener la ascendente espiral inflacionaria que no tenía otra salida que una crisis tras otra, devaluación tras devaluación. Y aunque también planteaba el inicio de reformas estructurales, el éxito inmediato en la contención de la inflación dejó postergada la fase reformista, detenida también por el disenso dentro del partido. Recién en 1987 y tras el fracaso del plan se alcanzó el primer acuerdo con el Banco Mundial sobre un programa de reformas, que ya no eran resistidas por los popes del radicalismo, pero sí mal vistas por la opinión pública, muy sacudida por los asuntos económicos. El Justicialismo estuvo dispuesto a capitalizar este descontento.

Durante este período los empresarios formaron un nuevo y poderoso grupo al que se denominó "Capitanes de la industria". Pese a que algunos autores señalan su influencia en el cambio de perspectiva del gobierno, lo cierto es que este nuevo factor de poder buscaba ante todo la formación de un polo empresario nacional que estableciera nuevas pautas de acumulación. Aceptaban la prédica del gobierno sobre la necesidad de superar para siempre el autoritarismo como forma de gobierno y de alcanzar consensos plurales, pero en todo momento demostraron que les interesaba más obtener ganancias rápidas a costa del Estado que apoyar políticas globales de largo plazo. Además, a pesar de que su representatividad era minoritaria respecto del amplio abanico empresarial, hacia principios de 1989 su poder de veto, sustentado en el propio peso específico de la agrupación, comenzó a ser significativo. Por otra parte la estructura organizativa de las otras entidades empresariales era anárquica y el margen de maniobra del gobierno cada vez más escaso.

La falta de iniciativa política del radicalismo, presionado por el poder económico a definir un rumbo que le era ajeno, acorralado por el sector externo, produjo la aceleración del proceso inflacionario[18]. Los economistas Roberto Frenkel y José María Fanelli señalaron cómo estos factores y la falta de herramientas para controlar el déficit fiscal generaron la hiperinflación de 1987-1988[19].

---

18 En el imaginario social esa falta de reflejos –que también se le achacó al gobierno de Arturo Illia y al primer año de Fernando de la Rúa– ha cristalizado como una lamentable característica constitutiva del partido de Leandro Alem.

19 Roberto Frenkel y José M. Fanelli, *Políticas de estabilización e hiperinflación en la Argentina*, Buenos Aires, Tesis, 1990, p. 199: "En relación con esto cabe enfatizar que la aceleración inflacionaria de 1987-88 tuvo su origen, justamente, en el hecho de que las autoridades debieron manejar el shock negativo en el comercio externo y el desbalance fiscal sin contar con instrumentos que le permitieran extender en el tiempo el ajuste de tales desequilibrios. Como en tal contexto,

Para llegar a las elecciones presidenciales de 1989 con alguna chance de éxito, el gobierno apeló a un paquete de medidas de emergencia que llevó el nombre de Plan Primavera. Fue la tabla de salvación a la que el radicalismo se aferró y junto con la cual se fue a pique. El control de la inflación recayó sobre la política monetaria. Controlando la oferta de dinero mediante licitaciones periódicas de divisas –mecanismo que finalmente se desbocaría, hasta su anulación con las corridas de 1989– y con la paridad cambiaria desdoblada en tres –dólar comercial, financiero y turístico–, el Estado creía tener el comando de la compra-venta y la liquidación de divisas de los exportadores. La diferencia entre el dólar comercial y el financiero –reimplantando indirectamente retenciones al sector agroganadero– trasfería recursos del sector privado a las cuentas públicas. Es decir que según el nuevo cuadro cambiario, el campo cargaría con el desequilibrio del mercado financiero, estimado en 5.000 millones de dólares[20]. El enojo y

una de las pocas alternativas disponibles para cerrar las brechas fiscal y externa era la devaluación real y el incremento de las tarifas públicas en términos reales, la utilización de estos instrumentos desde fines de 1987, que inducen un sensible cambio en los precios relativos, se encargaron de generar una fuerte aceleración inflacionaria a través de los mecanismos del régimen de alta inflación".

20 Frenkel y Fanelli, Op. Cit., p. 201: "De tal forma quedó establecida una regla cambiaria que en términos esquemáticos podría expresarse de la siguiente manera: el Banco Central compraba a valores del tipo de cambio comercial el total de las exportaciones agrícolas, el 50% de las industriales, mientras que por el mercado libre [financiero] pasarían el restante 50% de las exportaciones industriales, las importaciones y los intereses de las deudas de los particulares. Dado que ello generaría en principio un exceso de demanda flujo en el mercado libre (ya que la mitad de las exportaciones no cubrirían el importe de importaciones más intereses), tal exceso de demanda sería manejado por el Banco Central a través de ventas diarias de divisas de forma de mantener la brecha prevista [25%]".

boicot del campo y el retraso cambiario serían los detonantes del estrepitoso final[21].

En el sector externo, el plan dependía de la obtención de un stand by inmediato gestionado con el Tesoro de los Estados Unidos y un préstamo del Banco Mundial por 1.250 millones destinados a la reforma del comercio exterior, la desregulación industrial y la reforma bancaria. El creciente vacío de poder tornó inalcanzables estas metas, con lo que la Argentina llegó a la cesación de pagos. Las huelgas de empleados públicos y las resultantes concesiones del gobierno profundizaron el descrédito del plan y de sus ejecutores políticos.

El 6 de febrero de 1989 se recuerda como el fin del Plan Primavera. Ese día el Banco Central, que venía vendiendo en el último mes un promedio de 450 millones de dólares semanales –y que ya no podía mantener la regulación cambiaria por falta de divisas–, se retiró del mercado. La incertidumbre sacudió a la opinión pública. Comenzaron las corridas, la desesperación por comprar dólares, los feriados bancarios. El candidato radical y gobernador de Córdoba, Eduardo César Angeloz clamaba, lápiz rojo en mano, por alguna señal del ejecutivo, por la cabeza de funcionarios hostigados a su vez sin cesar desde la oposición. Los "Capitanes de la industria" retiraron del todo su apoyo. Aunque no quería tirar el rey, la posición del gobierno antes de las elecciones era de jaque mate en dos

---

21 Domingo Cavallo sería uno de los primeros en señalar que el atraso cambiario, al que asoció a la "tablita" de Martínez de Hoz, iba a eclosionar en hiperinflación, y que el próximo gobierno –que él consideraba, como muchos otros, que sería Justicialista– debería soportar tan "nefasta" herencia. Cfr. *Ámbito Financiero*, 5 de noviembre de 1988.

jugadas: una fue el comienzo de los saqueos, la otra, el cierre definitivo del crédito externo.

El final del gobierno de Alfonsín marcó también el agotamiento del modelo de capitalismo asistido. La debacle del Estado, históricamente el factor fundamental de la actividad económica, puso en crisis a todo el sistema productivo. La "vaca lechera" ya no tenía nada para dar, excepto a sí misma: una poderosa corriente propagada por algunos periodistas muy escuchados comenzó a machacar sobre la necesidad de privatizar indiscriminadamente las empresas públicas cuanto antes, y como fuera.

Carlos Menem apareció en escena invocando valores ancestrales del peronismo, con la clara conciencia de la inviabilidad de las promesas: "Si yo decía lo que iba a hacer, no me votaba nadie", recordó con picardía tiempo después. No obstante, el hecho de haber vencido a Cafiero casi como un outsider del Justicialismo –apoyado solamente por las 62 organizaciones, aporte de Eduardo Duhalde– lo desligaba de los compromisos partidarios. Pero por otro lado la gravedad de la crisis interna y externa acotaba el margen de maniobra. En definitiva, luego de engañar a propios y extraños –los empresarios lo miraban con prevención y otros con pavura–, Menem en el gobierno se decidió por un plan de reformas que se sostenía sobre tres pilares: lograr apoyo empresario, erigirse como garante ante las finanzas internacionales y los organismos de crédito, e instalar, definitivamente, la idea de que el Estado estaba donde merecía y que había que reformularlo, cambiarlo de raíz. La conducción económica fue entregada al grupo Bunge & Born. El presidente se rodeó además de personajes "intachables" para los grupos de poder como Álvaro Alsogaray, durante años predicador en soledad del liberalismo más crudo que ahora, en su variante neoliberal se llamó eufemísticamente "Economía popular de mercado". Paradójicamente el neoliberalismo aparecía como única ideología capaz de reorganizar un Estado destruido: las "fuerzas del mercado" ordenarían las cosas y liberarían al Estado de sus colonos, devolviéndole autonomía. Pero el pragmatismo puro del presidente partía del lema "dar el poder a los que lo tienen", y en efecto, Bunge & Born era uno de los grupos más poderosos del país. En medio de las negociaciones con el empresariado, el ministro Roig falleció y fue sucedido por otro directivo de la empresa, Néstor Rapanelli.

El plan de ajuste llamado Plan BB era similar al Plan Primavera. El ministro de Economía fijó el tipo de cambio, anunció retenciones, incrementó los combustibles –600%–, el gas –200%–, la electricidad –500%–, agua y teléfonos –480%–. Además se congelaron precios y salarios, convirtiéndose estos últimos en variable de ajuste del plan. Para desactivar el perfil combativo que la CGT había mostrado durante la confrontación con el radicalismo –al que le habían hecho la friolera de 14 paros generales–, los sindicatos menemistas negociaron nuevas prebendas con la cúpula de la central obrera. Este "entendimiento" político-sindical se mantendría durante casi toda la gestión Menem.

Pero si el presidente se vanagloriaba de la fuerza de sus decisiones y sobre todo de su pragmatismo, los empresarios lo eran aún más, aunque sin declamarlo. Formados históricamente en la miopía cortoplacista –las colocaciones financieras privadas estaban depositadas íntegramente a siete días–, en la rapiña sectorial, en el oportunismo, en el enfrentamiento de todos contra todos, pocas veces este comportamiento del empresariado nacional quedó tan en evidencia como en 1989. Lo cierto es que Bunge & Born también era un actor financiero importante y al "colonizar" el Ministerio de Economía comenzó a filtrar en su favor información para pasarse de pesos a dólares con la velocidad del rayo y "ganarles" a los demás grupos económicos en el juego perverso. Esta mezquindad produjo enojo y quejas, inestabilidad y una vez más los precios se dispararon junto con las tasas de interés. El sector productivo veía además con recelo el sesgo agroexportador del Plan BB y reclamaba la inclusión de otros sectores industriales, tradicionalmente beneficiados por el peronismo. El eufórico menemismo se iba quedando en soledad. Cada nueva medida era respaldada por un sector y rechazada por otro, lo que indicaba el grado de dispersión de la representatividad empresaria y de los intereses corporativos. En suma el comportamiento de los grupos económicos no varió sustancialmente y sólo aceptaron los cambios estructurales cuando se aseguraron los beneficios de las reformas. Consentirían por ejemplo aumentos de tarifas de las empresas de servicios, o la eliminación de subsidios, o moderar los sobreprecios que cobraban al Estado, únicamente a cambio de una buena participación en las privatizaciones. Quedaban excluidos, obviamente, los sectores vinculados al mercado interno, sobre todo las pequeñas y medianas empresas. Sólo después de que quedara claro quiénes eran los interlocutores –y los favorecidos– del gobierno, y luego de marchas y contramarchas por ensayo y error, Menem encontró en 1990 el camino de reformas estructurales –privatizaciones, apertura comercial, desregulación, flexibilización laboral, reforma impositiva, etc.– que lo mantendría diez años en el poder, para envidia de los tecnócratas de la dictadura.

No obstante, recién con el advenimiento de la Convertibilidad en 1991 se anclaría el tipo de cambio, y con ese enajenamiento de la política monetaria se ponía fin a la puja desgastante que significaba discutir constantemente con los diversos sectores de la economía, la paridad cambiaria. Efectuados los últimos cambios de gabinete a los que Menem recurriría pocas veces hasta 1999, se abrió un período de "autonomía relativa del Estado", o mejor dicho una autonomía relativa de la élite política que como la Generación del '80, haría y destruiría con total libertad e impunidad. El funcionamiento de esa élite, la conservación de indispensables cuotas de poder, se financió con déficit fiscal, con la voraz venta de los activos del Estado y una política de seducción a los capitales externos. Las privatizaciones de la nueva "Revolución conservadora" cerraron su ciclo hacia 1996. Para el 30% de las familias más pobres, el gasto en servicios públicos pasó a representar el 18% de sus ingresos, el doble que diez años antes. Sin duda el costo de la nueva lógica de acumulación fue –y es, mientras el modelo se mantenga– la exclusión social, la concentración económica y la extranjerización de la economía. Este último rasgo se acentuó luego de la crisis del "Tequila" en 1995. Ante el sacudón, muchos tenedores nacionales de acciones de empresas públicas vendieron sus paquetes en forma preventiva. Fieles a la mentalidad cortoplacista, los grupos nacionales redondearon un negocio fabuloso comprando con bonos de la deuda a precio nominal empresas estatales que rindieron ganancias, en algunos casos, de hasta el 40% anual. El sector productivo de bienes transables tampoco pudo resistir la tentación de vender a buen precio sus empresas, sobre todo las ligadas a la producción de alimentos –Molinos, Terrabusi, etc.–, completando el ciclo de enajenación. Huelga decir que el producto de las ventas no regresó al circuito de la producción y la creación de empleo, sino que permanecen en el circuito financiero. Por la tenencia de bonos muchos de estos ex industriales son ahora acreedores de la deuda externa argentina.

Entre 1991 y 1996, mientras la producción industrial creció el 19% –gracias fundamentalmente a la producción del sector automotriz que se desenvolvió en un marco de protección y aprovechando al Mercosur–, el índice de desempleo llegó al 13% y las horas trabajadas disminuyeron un 10%. Creció la producción siderúrgica pero la industria textil entró en crisis y la química, la petroquímica y el área maderera vegetaron. En casi todos los sectores aumentó el uso de insumos y de partes importadas, con pérdida del valor agregado local en el proceso industrial. La "expansión industrial" se orientó sobre todo a la demanda de los segmentos de consumo medio y alto. La importación de bienes de capital también se dirigió a ese sector. Hubo un requerimiento multiplicado de bienes suntuarios y una demanda cada vez más estancada de la producción de bienes de consumo masivo. Al mismo tiempo la apertura de la importación y el retraso cambiario pusieron en jaque a la mediana y pequeña empresa.

Sin embargo el cierre de plantas obsoletas, la expulsión masiva de mano de obra –facilitada por la flexibilización laboral y la debilidad o complicidad sindical– y el reemplazo de insumos, han conseguido que el producto industrial, aunque escaso, sea más eficiente que hace dos décadas. Algunos investigadores no admiten que la "gran transformación" en la economía se haya producido exclusivamente en la década del '90, sino que podría hablarse de dos grandes "avenidas" de modificación que se venían transitando desde por lo menos veinte años: la "reestructuración ofensiva" y la "defensa de supervivencia"[22]. Entre las reestructuraciones ofensivas se incluyen sólo 400 empresas que suman el 40% del producto industrial del total del país. Se trata de empresas que han conseguido altos niveles de eficiencia a través de procesos de racionalización del tiempo de producción y mano de obra, gerenciamiento, rendimiento del capital e inversiones. En las estrategias defensivas se encuadra a las 25.000 empresas responsables del 60% del producto industrial que pudieron superar la "apertura" de Martínez de Hoz entre 1978 y 1981 y los temporales económicos de los '80. Si bien en comparación con índices del pasado lograron fuertes crecimientos de productividad aún estaban muy lejos de los niveles internacionales. Unas y otras se beneficiaron con la Convertibilidad, al menos en los comienzos, por el crecimiento de la demanda y un "efecto riqueza" por la mejora en los ingresos. Pero el "Tequila" borró de un plumazo el terreno ganado. Además la Convertibilidad multiplicó los requerimientos financieros, endeudamiento letal para las empresas "defensivas", y en divisas extranjeras.

La década menemista transformó el perfil productivo del país. La concentración económica y el sector financiero dividen aguas, incluidos y excluidos. No es casual que los máximos esfuerzos de las políticas económicas estén dirigidas a "generar confianza" a "seducir al capital" y otros eufemismos que en décadas anteriores se llamaban "dependencia". Pese a que la Argentina creció a un ritmo

---

22 Bernardo Kosacoff, "Estrategias empresariales en la transformación industrial argentina" en *Boletín informativo Techint* N° 288, octubre-diciembre de 1996.

promedio del 5% anual, valor que la ubica como la década más próspera del siglo, para el argentino común estas cifras indican que la economía es una ciencia abstrusa que sólo se ocupa de los problemas de los inversores. Si con ese crecimiento las condiciones de vida han caído, con la actual recesión la esperanza de mejorar es un acto de mucha fe.

Al mismo tiempo las poderosas empresas de servicios privatizadas ocupan un rol central en el modelo. No es exagerado decir que de ellas depende el desempeño global de la economía en tanto fijan una parte sustancial de los costos de cualquier actividad. En este panorama, el gobierno de la Alianza puede decir que la herencia recibida es demoledora. La deuda externa representa el 50% del PBI, cuando en 1991 era el 18%. La desocupación es del 20%. Los niveles de desintegración social son muy graves. Y muchos problemas más. Sin embargo, la "excusa de la herencia", remanida figura retórica de los dirigentes políticos criollos, no alcanza para disimular errores y complicidades. Debido a esto, se puede afirmar sin temor a equivocar el diagnóstico, que el modelo económico-cultural del menemismo se encuentra intacto.

Capítulo II

El onganiato

En junio de 1966, el general "azul" Juan Carlos Onganía, jefe del Ejército, encabezó un golpe militar para poner fin a la "apatía radical". Don Arturo Humberto Illia había gobernado dos años y ocho meses con una estrecha base política, una legitimidad precaria y un ritmo cansino que no concordaba con las urgencias de la hora y las exclamaciones de los desaforados. Aunque no era un entusiasta extremo de esta drástica acción militar-palaciega –que estuvo lejos de desplegarse con la violencia de otros golpes[1]–, Onganía asumió con cierta expectativa popular. Entre las "virtudes" del general podría resaltarse su sobrio perfil, su anticomunismo furioso y su catolicismo ultraísta. En la formación intelectual y organizacional de los golpistas de la "Revolución Argentina" tuvieron preponderancia, en una

1 Un grupo de bomberos, al comando del coronel Luis Perlinger, hijo del golpista de 1943 –y activo admirador de los nazis–, "invadió" la parca soledad de Illia, parapetado en los despachos de la Casa de Gobierno. Con los años Perlinger, desde una visión de "izquierda" militante, adoptó una actitud crítica contra la omnipotencia militar.

primera etapa, el catolicismo ultramontano y el tecnicismo de sus hombres, todos vinculados al poder económico.

Los "legalistas" o "azules", que habían derrotado a los "colorados" entre 1962 y 1963, concebían a las Fuerzas Armadas, al partido militar, como una expresión "sobre la política de los partidos políticos", y así finalizar las disputas que se habían sucedido desde 1955. Las Fuerzas Armadas eran sostenedoras del la "Revolución Argentina", pero no "gobernaban ni cogobernaban". Esta extraña expresión de Onganía –que no todos los cuadros compartían– quería decir que a pesar de ejercer el poder, los militares eran meros garantes de los intereses de la Nación.

Los Cursillos de la Cristiandad –verdadera secta que nucleó a militares y civiles fervorosamente ultracatólicos–, aportaron buena parte de los contenidos ideológicos del onganiato. Importado de Francia en 1955, el Cursillismo de Maurrás tuvo al coronel Juan Francisco Guevara como predicador dentro del ejército argentino. En tanto grupo militante y de presión, el Cursillismo contaba con el aval de un sector influyente de la Iglesia Católica. Los generales Eduardo Señorans, Francisco Imaz y Eduardo Conessa se sumaron a la secta y luego lo haría Alejandro A. Lanusse, a pesar de que con el tiempo volvió a las posturas liberales de la alta burguesía nacional, mucho más cerca de sus intereses de familia. Recién a comienzos de 1966, poco antes del golpe de Estado, el general Onganía se hizo cursillista.

La formación completa del primer elenco ministerial de Onganía fue reclutado en la secta: Eduardo Salimei, ministro de Economía, era representante del dinero eclesiástico y empresario –titular del por entonces poderosísimo grupo alimenticio que llevaba su nombre, empleador de los generales Conessa y Señorans[2]–. Roberto Petracca, industrial del vidrio, ocupó la cartera de Bienestar Social. A Promoción y Asistencia a la Comunidad fue Roberto Gorostiaga, y a Interior Enrique Martínez Paz, miembro de la Hermandad del Santo Viático[3]. En la SIDE se nombró a Señorans, quién elaboró la fuerte normativa anticomunista que rigió la actividad del organismo. Mario Díaz Colodrero ocupó la Secretaría de Gobierno. Al frente del BCRA se designó a Felipe Tami.

El único "liberal" del elenco revolucionario era el antiguo y breve ministro de Economía de Guido, Álvaro Alsogaray, que fue nombrado embajador en Washington por su perfil "presentable" ante los financistas internacionales[4]. Este gabinete ultracatólico y corporativista –bosquejaron la idea de transformar el régimen político en un corporativismo de Estado–, despertó recelo en el empresariado liberal, situación que cambió a fines de 1966 cuando Adalbert Krieger Vasena reemplazó a Salimei, encauzando al gobierno hacia la senda del liberalismo económico[5].

---

2 A la muerte de su creador –poco tiempo después de abandonar el Palacio de Hacienda– el grupo entró en dificultades que lo condujeron a su quiebra.

3 El general Martínez Zuviría, hijo del escritor antisemita que se guarnecía detrás del seudónimo Hugo Wast, tuvo gran influencia en la designación de Martínez Paz –eran parientes políticos– y en la vida política de Córdoba, provincia natal de su esposa, María E. Ferrer Deheza.

4 Él mismo confirmó durante una entrevista del semanario *Confirmado* su designación estratégica: "La política económica del gobierno es una sola, pero transcurre en dos planos diferentes. El ministro Salimei tiene a su cargo la coordinación interna de esa política económica. A mi cargo está la política externa."

5 Es notable observar que la Bolsa de Comercio de Buenos Aires, que había estado prácticamente inactiva durante el gobierno de Illia,

Krieger Vasena, ligado a los negocios internacionales, provenía de un consorcio de empresas con sede en las Islas Bahamas. La Atlantic Community Group for the Development Group of Latin America (ADELA) le ofreció más tarde, cuando Krieger abandonó el ministerio tras el "Cordobazo", un puesto jerárquico en una de sus firmas, la Deltec, que controlaba el frigorífico Swift. Esta planta modelo durante las décadas del '10 y del '20 quebró en 1970 bajo la conducción de Enrique Holmberg Lanusse, primo hermano de Alejandro Agustín, futuro presidente de la Nación. En cuanto asumió el cargo seguido por su séquito de tecnócratas, el monetarista Krieger Vasena devaluó el peso un 40%, liberó el mercado cambiario, congeló los salarios por veinte meses e impuso una rebaja de los aranceles de importación del 50%. La "modernización" de la Argentina requería también la derogación de los "privilegios laborales" –obtenidos en tiempos de Perón–, propios de una sociedad industrializada "pero no de la Argentina que aún no había dado los pasos en esa dirección(sic)".

El semanario Confirmado publicó un trabajo de José E. Miguens, un sociólogo de pensamiento católico y precursor de las encuestas de opinión, sobre quiénes se beneficiarían con el nuevo plan económico. Los resultados fueron: los ricos, 40,7%; la oligarquía, 16%; los militares, 16,2%; los grandes empresarios, 11,6%; los ganaderos, 2,3%.

Además del escepticismo público, el onganiato tuvo que convivir con las crecientes tensiones internas entre

---

repuntó y se ubicó en valores superiores a los alcanzados durante el ministerio de Alsogaray –presidencia Guido–. Bajó durante el ministerio de Salimei y se recobró cuando lo reemplazó Vasena.

liberales y nacionalistas. Dentro del mismo gobierno Krieger Vasena tenía críticos furiosos, por ejemplo los funcionarios que formaban parte un club selecto llamado El Ateneo de la República. Su presidente, Nicanor Costa Méndez, asumió la Cancillería –lo volvería a hacer durante el Proceso Militar, avalando con creces la invasión de las Islas Malvinas en 1982–. Mario Amadeo recibió la embajada del Brasil, Samuel Medrano fue secretario de Seguridad Social, Ernesto Pueyrredón, subsecretario del Interior, el general Héctor Repetto, secretario general de la Presidencia y Jorge Mazzinghi, la secretaría de Agricultura[6]. Basilio Serrano, ligado al directorio del emprendimiento automotor santafesino DKW, quedó como mentor e ideólogo del Ateneo, pero sin cargos públicos.

Por encima de todas las cosas, la "modernización" implicaba proyectos de obra pública monumentales, caros a la tradición militar encarnada por los generales Savio y Mosconi. Sobre este punto, nacionalistas y liberales conciliaron sus diferencias de fondo. Grandes emprendimientos como la represa hidroeléctrica El Chocón-Cerros Colorados, vitales para suministrar energía a un país industrial, la central atómica Atucha I –la primera en Latinoamérica, y con tecnología alemana–, la ampliación de la red caminera, la construcción de la estación terrena satelital de Balcarce y el túnel subfluvial que une

6 Paul H. Lewis, *La crisis del capitalismo argentino*, Buenos Aires, Fondo de Cultura Económica, 1993, p. 342. Entre estos datos el autor consigna que: "Díaz Colodrero, Costa Méndez, Medrano y Mazzinghi eran miembros del Opus Dei, una orden derechista semisecreta cuya organización matriz en España era uno de los pilares del régimen franquista."

Santa Fe con Entre Ríos[7], ofrecieron buenos negocios y prestigio al gobierno de la "Revolución Argentina".

En 1966 Alfred Krupp, quien viera frustrados sus intentos de instalar una fragua en la Argentina de Frondizi, fue tentado por el presidente de PASA, Alfredo Bracht, a retomar el proyecto[8]. Para ello reunió al líder del rearme alemán con el secretario de Industria y Comercio Mario Oscar Galimberti, a Agustín Rocca (Techint) y al general Pedro Francisco Castiñeira (SOMISA)[9]. Pero el entendimiento entre liberales y militares nacionalistas se rompía cuando se trataba de asuntos estratégicos. Por caso, el Estado Mayor del Ejército se opuso a un contrato entre la US Steel y ACINDAR. La compra de armamentos se realizaba

---

7 Finalmente los militares habían aprobado el ansiado túnel y luego otros puentes, que libraban a la Mesopotamia de su aislamiento geográfico. Ni Entre Ríos ni Corrientes debían estar unidas por tierra firme, según una añeja concepción estratégica del Estado Mayor, es decir, la hipótesis de conflicto con el Brasil. Una temida invasión brasileña sería frenada por el ímpetu del Paraná. El río ofrecería una barrera natural, compleja de sortear. Para los habitantes de una de las orillas, cruzar las aguas hacia Santa Fe desde Paraná requería dos balsas y largas esperas, una traba insoportable que entorpecía el desarrollo de industrias tanto en Entre Ríos como en Corrientes.

8 Heredero y titular de las más poderosa y antigua fábrica de armamentos, colaboró en el rearme alemán posterior a la Primera Guerra Mundial. Adherente del nazismo por ideología y por negocios, Krupp fue juzgado en Nuremberg en 1945 y sometido a una levísima condena carcelaria que no superó los 12 meses de confinamiento. Pocos empresarios colaboradores del nazismo fueron juzgados y los que llegaron a esa instancia fueron absueltos. Cfr. Daniel Muchnik, *Negocios son negocios*, Buenos Aires, Norma, 1999.

9 Finalmente el proyecto fracasó porque en el encuentro Krupp –que algo había aprendido sobre el control de los sectores populares– dio a entender que el país no era lo suficientemente estable, mejor dicho, que los militares nacionalistas no podían garantizar la completa sumisión de la clase obrera ligada al proscripto peronismo.

sólo en el Viejo Continente –Plan Europa– y no como procedía el resto de América Latina, que se abastecía en los Estados Unidos. El caso ACINDAR es un ejemplo paradigmático de las relaciones entre política y negocios en la Argentina. El sector siderúrgico –el acero se consideraba material estratégico– era controlado por el complejo militar SOMISA y por la empresa de capitales europeos Propulsora Siderúrgica –donde participaba Techint, liderada por su fundador Agostino Rocca, pionero la siderurgia italiana en tiempos de Mussolini–. Sin embargo ACINDAR, gracias a sus contactos militares, se las arreglaba, y muy bien, para participar en los proyectos faraónicos del gobierno, incluso para obtener favores del propio ministro de Economía –que era asesor de Techint– y del secretario de Hacienda, César Bunge, funcionario que compartía su función pública con la de –nada más y nada menos– director de Propulsora y de la empresa constructora Vianini SA, controlada también por Techint[10]. Bunge debió renunciar por intrigas y presiones y el cargo le fue ofrecido a Carlos Carrera, director de ACINDAR. Mientras Carrera se "tomaba su tiempo" para decidir si asumía, se desató una fabulosa especulación bursatil –en 1967 ACINDAR se encontraba en estado crítico y había perdido el 25% de su capital–. La compra de acciones a bajo precio se vio recompensada con creces cuando Carrera anunció públicamente que aceptaba el cargo. ACINDAR se recuperaba en la lucha por el monopolio del acero.

Excepto las empresas estatales –ya entonces acosadas por la prédica liberal– YPF, ENTEL, FFAA, SEGBA,

---

10 En la década del '70 será figura decisiva en el lobby de ACINDAR el futuro ministro de Economía José A. Martínez de Hoz.

SOMISA, etc., las empresas internacionales controlaban sin más el grueso de la economía argentina. La presión privatizadora era considerable. Un aviso institucional –a una página– del Consejo Publicitario Argentino rezaba: "Las empresas del Estado son una dura carga que pesa sobre nuestros hombros. Y sobre nuestro presupuesto. El del país y el de cada uno. Porque todos pagamos por buenos los malos servicios. Mucho dinero se malgasta cada día en alimentar la burocracia." Y continuaba: "Si ese dinero se distribuyera mediante una inteligente política de créditos; si el estatismo y la burocracia fueran perseguidos como peligrosos enemigos del país; si la empresa privada viera aseguradas las condiciones necesarias para el progreso... Si todo esto se hiciera, habría para todos, más trabajo, mejores remuneraciones, prosperidad[11]."

Desde 1958, cuando el asunto de los contratos petroleros atrajo el interés de los norteamericanos, un grupo de militares y civiles argentinos comenzó a asociarse con empresarios yanquis para hacer buenos negocios, entre ellos el control de ELMA, la flota fluvial, y de Aerolíneas Argentinas. Action SA, compañía del norteamericano Grainville Conway, fue contratada en 1959 por YPF para transportar el petróleo que la empresa norteamericana Tennessee Argentina SA extraía en Tierra del Fuego. La Tennessee tenía en su directorio al abogado argentino Roberto Dormal Bosch y por YPF firmó el capitán de navío Abelardo Aldo Pantín.

11 Revista *Confirmado*, diciembre de 1966. Esta campaña engendrada por la ortodoxia liberal, serviría de antecedente a la que fue lanzada a mediados de los '70 por Ricardo Zinn, mentor intelectual del "rodrigazo", y cuyo slogan rezaba: "Achicar el Estado es agrandar la Nación".

Con la llave del transporte de petróleo, Conway se interesó en la aeronavegación comercial, y sobre todo en ELMA. En 1966, se contactó con el encargado de negocios de ELMA en Nueva York, el capitán de fragata Aurelio López de Bertodano –ex gerente de la naviera Dodero–.

Para operar en la Argentina, Conway, Bertodano, Bosch y Pantín crearon, ese año, la firma Maryden SRL en cuyo directorio figuraban el contralmirante Leandro M. Maloberti, el capitán de fragata Marcelo Sol, el capitán de navío Alberto Ferrari, el contralmirante Francisco Castro, el vicealmirante Pedro J. Gnavi y el contralmirante Eduardo García Pulles, un significativo conjunto de marinos uniformados que asegurarían el peso político de la empresa. La acción clave del grupo fue la manipulación del nombramiento del capitán de navío Guillermo Rawson como presidente de ELMA. Rawson era además cuñado de López de Bertodano, el hombre en Manhattan.

Los mismos personajes Pantin, Bertodano, Rawson y Bosch conformaron luego la empresa Field Argentina SA, con sede en Nueva York, e incorporaron al directorio a un socio poderoso, Nicanor Costa Méndez. La nueva firma funcionaba como nexo entre Conway, funcionarios estatales y las empresas privadas de aeronavegación Austral y ALA, creadas al calor de los contratos petroleros hacia 1958, y que ahora apuntaban a quedarse con el negocio de la estatal Aerolíneas Argentinas. En 1967, cuando ya operaban Field y Maryden, tanto Austral como ALA recibieron subsidios estatales en cantidad. Austral, bajo la administración de William Reynal –representante de la Banca Loeb– incorporó a su directorio a militares aeronáuticos. Entre ellos al brigadier Amilcar San Juan, al comandante Santiago Posadas, al brigadier Anselmo

Simois y al comodoro Máximo Romano, con el visto bueno de Field y Maryden. Además lograron que Rafael Beláustegui, director de YPF y ex militante frondizista, hombre y abogado de confianza, fuera nombrado gerente comercial de Austral.

Las negociaciones se pactaban entre Bosch de Field y Maryden, Beláustegui por Austral, Costa Méndez y el comandante en jefe de la Armada, Gnavi.

La incursión de los militares en los directorios de empresas privadas –incluso de multinacionales– tuvo como correlato una invasión de alrededor de 30.000 altos jefes de las tres fuerzas en cargos públicos y políticos.

Los casos de corrupción que salpicaban al gobierno –el secretario general de la Presidencia por ejemplo, marino retirado Rafael González Adalur, fue acusado de emitir sellos de aduana para blanquear mercadería de contrabando–, eran la consecuencia lógica de la falta de control de un sistema autoritario al asalto de la administración pública y las empresas del Estado.

En 1968, siempre preocupado por la estabilidad monetaria, Krieger elaboró el presupuesto anual que rápidamente presentó en Washington para su aprobación. En el mismo se recortaban las partidas que la reactivación de la economía real necesitaba. Consiguió además arrancarle al presidente el decreto ley 17.318/67 que transformaba en sociedades anónimas a las empresas estatales –sólo la empresa de teléfonos lo era– lo que constituía el paso previo a la privatización. Los militares que ocupaban los directorios de las empresas "estratégicas" del Estado pusieron el grito en el cielo. Inmutable a las críticas Krieger se mantuvo firme, e irritó también a los sindicatos –que no tenían fuerza suficiente para representar una oposición al modelo– al solicitar una rebaja de aportes patronales, medida que finalmente no consiguió[12].

Para suavizar los azotes sobre la "Revolución Argentina", Onganía abrió canales de diálogo con algunos dirigentes sindicales entre los que se destacaban Juan J. Taccone, Paulino Niembro, Ángel Peralta, Adolfo Cavalli y Rogelio Coria. Restituyó la personería jurídica a los sindicatos textil y metalúrgico y prometió medidas para promocionar los sectores respectivos. Como medidas de reactivación el intendente de Buenos Aires, general Manuel Iricíbar, anunció la extensión de la avenida 9 de julio y el director de la Comisión Nacional de Energía Atómica comunicó a la población que se había suscripto un contrato con Siemens para construir el primer reactor nuclear del país (Atucha). Sin embargo el índice inflacionario seguía aumentando, la reactivación no llegaba y el solo objetivo de sanear la moneda no convencía a nadie[13].

Elbio Coelho, empresario yerbatero, condenó desde la presidencia de la UIA la política económica. Mientras Krieger Vasena aplicaba políticas de apertura y montaba la extranjerización de la economía, la recesión generaba desocupación y el cierre de pequeñas y medianas empresas comprometidas con el mercado interno. Firmas como la textil Campomar, metalúrgicas como Dante Mártiri, o talleres gráficos Guillermo Kraft, formaron parte de una

---

12 Cabe observar, una vez más, que algunas cosas no han cambiado en la Argentina en los últimos treinta años. Las medidas impulsadas por Krieger, luego por Martínez de Hoz, son las mismas que Cavallo llevaría a cabo durante su gestión.

13 El ministro Krieger viajó a Oriente en busca de mercados y negocios. Curiosamente, era como un retorno a sus ancestros, ya que su bisabuelo había sido recaudador de impuestos del imperio otomano.

larga lista de compañías nacionales de larga trayectoria que bajaron sus persianas, más allá de los reclamos y críticas de la UIA.

En 1967, a poco de sancionarse la nueva ley de hidrocarburos, Carlos Perez Companc –fundador de la empresa junto a su hermano Jorge y una cincuentena de entusiastas emprendedores en 1946– había declarado: "Es necesario mejorar los niveles de extracción. Lo que hizo y debe hacer YPF es importante, pero para lograr mayor eficiencia y cumplir con la nueva ley, es urgente fomentar la expansión del sector privado nacional y permitir la actuación de las empresas extranjeras aptas para asumir el riesgo minero en áreas inexploradas[14]". El naviero devenido en petrolero no disimulaba la incapacidad de la industria nacional para "asumir riesgos", no fustigaba a YPF pero la desmerecía, pedía subsidios para "arriesgarlos" a su nombre y quería la intervención extranjera en el sector para que aportara la tecnología y el conocimiento que el país se negaba a desarrollar.

En diciembre de 1968 se llevó a cabo un coloquio informal organizado por el Instituto para el Desarrollo de Ejecutivos en la Argentina (IDEA) en Ascochinga. La curiosa disposición de las comisiones es una digna radiografía de la época: 2 militares, 2 representantes de la empresa privada y 2 por empresas mixtas, moderados por un hombre de IDEA –por ejemplo, el ingeniero Sergio Martini, quien fuera administrador de Gas del Estado–. Lo sectores duros pedían la eliminación de las empresas estatales y de entes, que a su juicio, competían deslealmente con el sector privado. Otro grupo ligado al management señalaba que las empresas ya no podían ser manejadas

14 Revista *Confirmado*, agosto de 1967.

por "familiares", en clara alusión a las empresas nacionales. A la distancia, podría concluirse que las empresas del Estado presentaban las características de la empresa familiar –los acomodos políticos– lo que las hacía ineficientes más allá de su rol social de promoción regional. Una lógica que indicaba que las empresas privadas nacionales y las empresas estatales estaban cortadas por la misma tijera.

En 1969 Agua y Energía Eléctrica adjudicó a Siam Di Tella, una empresa familiar dirigida en ese momento por Guido Di Tella, la provisión, montaje y puesta en servicio de tres transformadores para una central del sur de la provincia de Buenos Aires –central 9 de Julio en Mar del Plata–. La adjudicataria no invertía nada, sino que el Estado gestionó la financiación de la obra en el BID[15], un caso más de la triangulación gobierno, empresa local prebendaria –casi fundida en este caso– y financiamiento externo.

El ministro de Economía estaba asociado a los intereses mineros norteamericanos. Figuraba en el directorio de cuatro empresas de la National Lead Co., una de las cien empresas más grandes de los Estados Unidos que en la década del '60 se especializó en el tratamiento y desarrollo de minerales estratégicos. Era director de National Lead Co. –asociada en la Argentina con Minera Aguilar–, de la Compañía Minera Castaño Viejo y de Metalmina. Su relación con Lead le abrió las puertas de las empresas más diversas. Fue director de la Compañía General de Refractarios de Argentina SA junto a Marcelo Aranda, socio a su vez del ex ministro del gobierno de Aramburu, Julio Alizón García, en el Ingenio La Esperanza. También estaba Roberto Pistrelli, socio de otro ex ministro de la

15 Revista *Primera Plana*, agosto de 1969.

"Libertadora", Roberto Verrier, en la firma Inversiones Sudamericanas SA. Pistrelli figura en casi todas las empresas –como director o síndico– en las que Krieger Vasena fue ejecutivo. Pistrelli pertenecía también a las norteamericanas Pfizer, Moore-McCormack y Colgate. Como testaferro de terratenientes extranjeros –recordemos que los militares aún eran recelosos de la seguridad estratégica y esas cosas de la geopolítica–, Krieger oficiaba como director de Norfran SA, de Mignaquy y Cia SA, de Los Caldenes SA y de La María Elena SA, todas ligadas a grupos norteamericanos, y de la empresa forestal Las Carabelas SA, del poderoso Grupo Morgan. Casado con una hija de la tradicional familia Llauró, Krieger Vasena ocupó sillones de director en las empresas familiares: Alejandro Llauró e hijos SA e Investaires SA.

Los lazos familiares también anudaron importantes negocios entre los Llauró, los Krieger y el Estado. Por caso, un primo hermano del ministro –también casado con una Llauró– fue designado al frente del Banco Industrial. El cuñado de Krieger, Alfredo Chopitea –esposo de Daisy Krieger Vasena– era presidente de Río de la Plata-Canal 13 de televisión, asociado con la CBS. Y ambos serían socios en Investaires Financiera SA. La cuñada de Krieger, Ana Llauró de Reynal –pariente de William Reynal– cerraba el círculo de poder político y económico que se cernía sobre la Argentina del onganiato.

Pese a su mentado "nacionalismo", la trayectoria de Nicanor Costa Méndez revela sus múltiples conexiones con empresas extranjeras –y con gobiernos militares–. Las simpatías pro germanas de Costa Méndez lo relacionaron con empresas de ese origen productoras de maquinaria agrícola –Pfaff-Bromberg y Cía SA y E. Palavicini y Cía SA–

que paralelamente representaban a las firmas norteamericanas The American Broach & Machine Co. y The Lorain Country Corp. Fue también director de La Vascongada –acusada de monopolizar la producción lechera– y representante de capitales de los Estados Unidos como ejecutivo de la filial argentina de Texas Instruments y de Field Argentina, como ya se dijo. Su filiación a los "cursillos" estaba potenciada como socio en la editorial Pomaire, principal editora de las obras del Opus Dei.

El general Alejandro Agustín Lanusse, otra figura decisiva de este período, fue sin duda el representante más conspicuo de la oligarquía argentina devenido en ejecutivo del gobierno militar.

Todos los Lanusse se iniciaron en Pedro & Antonio Lanusse, en sus orígenes un almacén de ramos generales fundado en 1872, vinculado a las actividades del campo. La empresa servía de aprendizaje laboral para los miembros de la familia y de retiro digno para los ancianos que encontraban en ella un sillón de director. La madre de Alejandro Agustín, Albertina Gelly Cantilo de Lanusse, fallecida el 9 de abril de 1966, era uno de los ejecutivos más respetados de la SA.

Ya a comienzos del siglo XX los Lanusse habían comprendido que necesitaban influencia política para extender sus actividades, red que tejieron hasta el paroxismo en tiempos de Alejandro Agustín. Para eso tuvieron que preparar lo que podría llamarse una "ensalada a la oligarca". Luis Lanusse, hermano del general, estaba casado con Raquel Martínez Castro, cuyo hermano operaba en los circuitos financieros cercanos al poder militar. Enrique Martínez Castro era director de la Compañía de Seguros La Austral, asociado con banqueros como Oscar

Doyembehere y Eduardo Meyer. Pero además era socio de Krieger Vasena en Las Carabelas SA y Celavón SA. Este sólido vínculo que Lanusse tejió con Krieger Vasena explica en parte el apoyo mutuo[16].

Una hermana del general, María Teresa Lanusse, estaba casada con Ignacio Alemán, socio de Nicanor Costa Méndez. Un primo hermano del general, Rodolfo Jorge Lanusse, era director de Equimac SA, de Self Lock Argentina SA y entre otras de Investaires SA en donde figuraba Krieger Vasena junto con otros financistas ligados al régimen como el ingeniero Bernardo J. Loitegui –subsecretario de Obras Públicas de Onganía– y Julio César González del Solar, director de Hidronor, empresa que administró la construcción del Chocón. Esta clara mezcla –perdón por el oxímoron– de intereses familiares, lazos de sangre, negocios públicos, da cuenta de la nunca oculta "tolerancia" de ciertos liberales hacia los proyectos "faraónicos" de los militares.

Otro primo hermano, Roberto Hugo Lanusse, ya había sido designado subsecretario de Culto de Relaciones Exteriores en 1955, luego de la caída de Perón, y vuelto a nombrar en 1962, con Guido en el poder. Antonio Roberto Lanusse, también primo hermano, fue una de las figuras más sobresalientes de la familia. Casado con Marta Zuberbüller, presidió Ferrocarriles del Estado con Guido y luego fue designado secretario de Transportes por Onganía en 1966 y por último ministro de Defensa en 1967. Antonio compartía una sociedad con Carlos Elizalde,

---

16 Es curioso que el general, a través de esta relación, se emparente con el "Che" Guevara, ya que Raquel Martínez Castro era hija de María Luisa Guevara Lynch, importante figura de la familia del líder guerrillero.

Jorge Mitre y Teodosio Brea en una empresa constructora. Mitre pertenecía, claro, a la familia dueña del diario La Nación. Brea era un financista ligado a La Vascongada –junto a Costa Méndez– y a la empresa Austral de aviación. En la Arenera del Vizcaíno, este mismo Lanusse era socio de Carlos Robertson Lavalle –director de SEGBA–, y de Rodolfo Zuberbüller. Como director de la Compañía de Seguros La Construcción SA se aseguró los nombramientos de sus empleados Roberto Gorostiaga como secretario de Promoción y Asistencia a la Comunidad y de Federico Batrosse como subsecretario de Transportes, dos puestos importantes para seguir influyendo en la política a favor del clan. Ezequiel Holmberg Lanusse, primo hermano del general era médico. Fue acusado en reiteradas oportunidades como lobbysta a favor de algunos laboratorios medicinales nacionales desde su puesto de ministro de Salud Pública durante el Onganiato, y en el corto período de gestión de Levingston[17].

En síntesis el clan Lanusse, dentro o fuera de la función pública, operaba como mediador entre los negocios del campo –que los involucraban personalmente–, los intereses norteamericanos y la política. Lograron además la concesión de numerosas obras públicas en beneficio propio y de sus representados. Cabe recordar que la expansión de la red de carreteras –proyecto de infraestructura

---

17 Una sobrina de Lanusse, Elena Holmberg, integrante de la Cancillería y con funciones en París a fines de la década del '70 fue testigo de las campañas de acción psicológica del almirante Massera en Europa en defensa del Proceso Militar, utilizando a torturados en la ESMA, militantes Montoneros, que se prestaban a "colaborar" para salvar sus vidas. El cuerpo de Holmberg apareció sin vida en el Río de la Plata. Periodísticamente se consideró una "venganza" de algunos marinos por haber contado lo que sabía.

capturado por las constructoras del clan– favorecía al mismo tiempo a la industria automotriz norteamericana.

Por si faltaba algo, el general Lanusse disponía del respaldo constante de distintos medios masivos de comunicación gracias al brillante desempeño de su encargado de prensa, el veterano periodista Edgardo Sajón[18].

Mientras la oligarquía se aliaba al capital financiero internacional, el "partido secreto" de los cursillistas, ponía en práctica en 1968 un ensayo del pensamiento político de la organización, encarnado en el nuevo gobernador de Córdoba, Carlos Caballero. Se trataba de un verdadero intento corporativo –además de anticomunista, nacionalista y enemigo de los financistas "apátridas"–. El fracaso del órgano consultivo formado por representantes de la empresa, el trabajo, la cultura, la iglesia, etc., signó el bajo techo político de esta organización secreta, ultramontana y extremista.

El general Lanusse, entonces comandante del III Cuerpo con asiento en Córdoba, se mantuvo expectante respecto del gobernador Caballero, casi tanto como de la revuelta obrero-estudiantil de 1969, el "Cordobazo", manifestación popular que no ordenó reprimir, al menos no en la magnitud que las circunstancias hubieran requerido para

---

18 Cuando concluyó sus tareas oficiales, Edgardo Sajón se volcó a la actividad periodística y fue relevante su relación con el periodista Jacobo Timmerman en el nuevo equipamiento técnico –imprenta, nuevo edificio– del diario La Opinión. Sajón, hombre de tenacidad y poder informativo fue secuestrado en 1976 presuntamente por grupos de tareas, en busca de secretos e intimidades. Ha trascendido que fue torturado y que murió de un paro cardíaco en manos de sus victimarios. Lanusse, ya retirado, se movilizó intensamente para rescatar a su colaborador y amigo, sin suerte.

un régimen que quería sostener su autoridad. Ésta y otras actitudes de Lanusse –su "valentía y arrojo" y su "frontalidad", que tanto gustaba exhibir– lo perfilaban como un hombre confiable para el establishment, tal como se demostraría algunos meses después.

Poco antes de la designación de Caballero, los hermanos Julio y Álvaro Alsogaray fueron eliminados del gobierno. Julio, comandante en jefe del Ejército y brazo ejecutor del golpe de 1966 –era bien visto por los empresarios por sus estrechas relaciones con los norteamericanos– y Álvaro, embajador en los Estados Unidos, habían sido vetados en un cursillo realizado en julio de 1967 en la quinta La Montonera, en Pilar.

Existía entre los hermanos Alsogaray y Onganía una sorda lucha de poder, más allá de la disputa entre liberales y nacionalistas. Julio había comenzado a mostrar actitudes "democráticas" y "dialoguistas", a contramano del Ejecutivo, entrevistándose con sindicalistas docentes, alarmados por el carácter confesional que se le quería imprimir a la educación pública. Álvaro, ex ministro de Economía en tiempos de Frondizi y adalid del liberalismo fundamentalista en la Argentina, comulgaba con la dirigencia del sindicato de los mercantiles, a la vez que susurraba que la salida electoral se encontraba próxima. Aseguran los conocedores que Onganía echó a Álvaro Alsogaray porque en alianza con Krieger Vasena acusaba a los miembros del gobierno de la "Revolución" de "obstruccionistas". En esa categoría entraban directivos de YPF como Daniel Brunella[19], de Teléfonos del Estado como el coronel Gustavo

19 Más tarde secretario de Energía en el equipo de José A. Martínez de Hoz.

Eppens, el ministro de Bienestar Social Julio Álvarez y el general De Marchi, jefe del ente ferroviario estatal. El tema ferroviario fue una constante preocupación de la "Revolución Argentina". A diario el periodismo informaba sobre el desgaste de la red, los conflictos sindicales y los costos elevados del Estado por servicios ineficientes. Sin embargo, a pesar de las críticas, a algunos funcionarios les convenía la permanencia de Alsogaray como funcionario: "Mientras Alsogaray siga en el gobierno, nosotros estamos salvados. Tipos así provocan que toda la carga vaya contra ellos. Si no fuera por él, nosotros seríamos la derecha. Así, en cambio, somos el ala progresista[20]."

Así describió el periodista Rogelio García Lupo la esquizofrénica relación entre los Alsogaray y el pensamiento militar: "En los meses finales de 1968, el destino de esta dinastía militar parece perdido y sin horizontes. Pero tal vez convenga preguntarse si las fuerzas armadas argentinas, especialmente el Ejército, no muestran una tendencia a parecerse cada día más a lo que representan los hermanos Alsogaray y cada día menos a una institución a la 'antigua', como la que pretende conservar Onganía. Un Ejército con altos mandos que son también de grandes negocios particulares, un Ejército entroncado en el dispositivo de la seguridad panamericana y admirador de la democracia de los Estados Unidos, fatalmente volverá a pensar en los hermanos Alsogaray. Y ellos tienen los medios para que nadie los olvide[21]".

---

20 Revista *Confirmado*, julio de 1967.

21 Rogelio García Lupo, *Mercenarios y monopolios en la Argentina de Onganía a Lanusse 1966-1973*, Buenos Aires, Achával Solo, 1973.

El "Cordobazo" determinó la eclosión del Estado Burocrático Autoritario, la retirada de los liberales y el aumento del resquemor dentro de las FFAA. Los militares no podían asegurar el orden pero tampoco parecían estar dispuestos a aumentar la represividad del régimen. "Error" que los militares no volverían a cometer en 1976. Percatados de esta actitud de prudencia, los grupos trasnacionales y la alta burguesía retiraron su apoyo a un gobierno que ya no les garantizaba beneficios. El movimiento de pinzas entre la presión popular, manifestada cada vez más insistentemente como violencia política, y el retiro del apoyo del establishment, pondría fin al onganiato.

Krieger Vasena, que había incorporado en su equipo a Guillermo Walter Klein –futuro número dos de Martínez de Hoz– como subsecretario de Inversiones Extranjeras, debió renunciar y su sucesor José María Dagnino Pastore, un técnico que había estado a cargo de la Comisión Nacional de Desarrollo (CONADE) pudo hacer poco ante el vacío de poder[22].

La salida de divisas del país, luego de la dimisión de Vasena, fue la manifestación expresa de la "desconfianza" de la burguesía que comenzaba el drenaje de financiamiento que tanto se necesitaba para el desarrollo industrial y la reestructuración de la economía. La falta de ahorro interno ahondaba a la vez la necesidad de recurrir al financiamiento externo, a la dependencia, a la imposición de ajustes, a las misiones del FMI[23]. Nuevamente la crónica

---

22 Volvería a sucederle lo mismo cuando reasumió el cargo 1982, tras la Guerra de Malvinas.

23 La tendencia de fugar capitales al exterior en búsqueda de protección se fue consolidando con el tiempo. Casi a fines del año 2000 los capitales argentinos en el exterior, de acuerdo a cifras oficiales, se

visión de corto plazo y una intrínseca falta de compromiso con un proyecto nacional –que por otra parte no se podía acordar por la prohibición de la actividad política–, sumía al país en una eterna, lascerante inviabilidad. Fortuna rápida para pocos a costa del robo del futuro para muchos.

---

acercaba a 100.000 millones de dólares. Algunos especialistas hacían ascender ese monto a los 130.000 millones, cifra que se aproxima al total de la deuda pública. Entre los capitales había propiedades, acciones en empresas del extranjero, tenencia de acciones y depósitos de alta rentabilidad en los paraísos fiscales.

Capítulo III

La agonía de la industria nacional

Pese a consagrar el país a la Virgen de Luján, en un postrer acto de fanatismo religioso, el onganiato tenía los días contados.

El general de la "Revolución Libertadora" de 1955, Pedro Eugenio Aramburu, silenciosa pero insistentemente venía incrementando su actividad política tendiendo puentes con dirigentes peronistas, atrayendo "figuras" de distinta extracción y origen, antagonizando con dirigentes liberales. Pero a poco de insinuarse como la alternativa política al peronismo sin Perón –tal como lo intentara el líder metalúrgico Augusto Timoteo Vándor– era secuestrado por el grupo guerrillero Montoneros y luego asesinado en acto que sus autores denominaron "justicia popular" por los fusilamientos que Aramburu había ordenado tras el derrocamiento de Perón. El fusilamiento de Aramburu fue un crimen sin sentido que realimentó en progresión geométrica la violencia en todas las direcciones. La sangre se pagó con más sangre y con más desorientación. Manifestaciones guerrilleras de distintos signos, desde el nacionalismo extremo a la izquierda más combativa devolvían golpe por golpe.

Desbordado por su propia ineficacia, sin rumbo económico, superado por la escalada de violencia, el final del onganiato podía interpretarse también como el triunfo "pírrico" del ala nacionalista del ejército.

El general Marcelo Levingston[1] fue el primer representante del área de Inteligencia del Ejército en acceder a la Presidencia, cargo que hasta la fecha se arrogaba Caballería y excepcionalmente Artillería. El nuevo presidente, mantuvo el *statu quo*, "amenazado" por las represalias de los monopolios y las multinacionales, tal como lo denunciara el dirigente radical, frondizista y luego intransigente, doctor –en medicina– Oscar "Bisonte" Alende, tras reunirse con Levingston. Pero el tenso sostenimiento de una política económica que había variado poco desde el alejamiento de Krieger duró hasta que la CGT anunció un plan de huelgas nacionales. Asumió entonces como ministro el economista Aldo Ferrer, quien abogaba por una política de crecimiento con criterio nacional.

Buscó fomentar emprendimientos con participación de capitales nacionales y ampliar la gama de exportaciones industriales para equilibrar la balanza de pagos[2]. Pero sin

---

1 El general Espía convocó para el Ministerio de Justicia al vicepresidente de Staud y Co., una empresa alemana vinculada al nazismo. El doctor Jaime Luis Perriaux se constituyó desde ese momento en un ideólogo del ala nacionalista de los militares, en una pieza de enlace entre empresarios y uniformados. Perriaux extendería su influencia hasta el entorno de los golpistas de 1976.

2 Mario Rapoport, *Historia económica, política y social de la Argentina*, Ediciones Macchi, Buenos Aires, 2000, p. 661: "La política de redistribución del crédito de Aldo Ferrer se hallaba en buena medida condenada al fracaso, en tanto las pequeñas y medianas empresas nacionales (y también algunas de las grandes) habían estrechado lazos comerciales con las grandes compañías multinacionales. Ello era consecuencia de que esas grandes empresas, que operaban en condiciones monopólicas u oligopólicas, fueran, a la vez, "monopsónicas". En otras

sustento político, apoyado apenas en la endeble figura política de Levingston, Ferrer pudo hacer poco en un país que se incendiaba con los atentados y los reclamos populares espontáneos[3]. Asesorado por el joven y "cepalino" subsecretario de Economía Juan Vital Sourrouille, permanentemente tenía que rendir cuentas ante la junta militar. Tras uno de esos exámenes los escépticos militares declararon: "Las medidas propuestas están bien para salir del paso, pero no dejan de ser una utopía trasnochada[4]".

En otros pasillos ya se rumoreaba el nombre de un nuevo ministro: Pedro Real –ex del BCRA, hombre de Krieger y por supuesto embajador en Washington–, Alfredo Gómez Morales o el radical Félix de Elizalde, ex presidente del BCRA durante el gobierno de Illia.

Para ampliar su base de sustento ante la opinión pública, y también en la interna militar, Levingston procuró darle color y forma a una especie de foro político donde pudieran reunirse industrialistas y nacionalistas con base popular. Convocó a algunos líderes de la "generación intermedia" como Julio Oyhanarte, Horacio Domingorena, Rodolfo Tecera del Franco, Julio Fernández

---

palabras, no sólo controlaban los mercados consumidores, sino que también tenían la capacidad de imponer condiciones a sus proveedores, que en gran parte estaban constituidos por empresas nacionales pequeñas y medianas. De este modo, el beneficio que obtenían estas últimas como resultado del incremento de su liquidez operado por la redistribución del crédito tenía como contracara la imposición de nuevas condiciones por parte de las grandes empresas multinacionales, es decir, de sus principales compradores".

3 Académico de pluma vigorosa y didáctica, austero y coherente, Aldo Ferrer es autor de una pródiga bibliografía que analiza la historia económica del país, las propuestas para exaltar el vigor del mercado interno y una crítica –dos tomos– y reciente *Historia de la globalización*.

4 Revista *Primera Plana*, 6 de abril de 1971.

Mendy y Rafael Martínez Raymonda de la Democracia Progresista. También mantenía largos diálogos con Oscar Alende[5], quien en declaraciones a la prensa reiteró el inmenso poder que ejercían los monopolios extranjeros sobre la economía argentina y se refirió específicamente a Krieger Vasena y a Costa Méndez. "El Bisonte" denunció que "Los dos se conchabaron en monopolios extranjeros después de haber ejercido cargos en el gobierno. Esos monopolios existen, no son un sueño. Tanto existen que llevaron al gobierno a un ministro como Krieger Vasena y ahora quieren tumbar a un ministro como Ferrer y a un presidente como Levingston." Desde la capital francesa Krieger refutó a Alende[6] y Costa Méndez le inició una querella por calumnias e injurias, mientras Francisco Manrique, ministro de Bienestar Social, decía a quien quisiera escucharlo que "El único imperialismo que acecha al país es el de la estupidez[7]."

---

5 Oscar Alende fue gobernador de la Provincia de Buenos Aires durante la gestión de Arturo Frondizi y líder del Partido Intransigente, un desprendimiento hacia la izquierda del radicalismo. Aldo Ferrer era hombre de confianza de Alende. El vínculo explicaría la fluidez del contactos entre el presidente y el político.

6 Cuando los enfrentamientos entre el peronismo en el exilio y la derecha liberal recrudecieron, los abogados Rodolfo Ortega Peña y Eduardo Duhalde también iniciaron un juicio por enriquecimiento ilícito a Krieger Vasena.

7 Francisco "Paco" Manrique, marino, antiperonista militante, secretario de Aramburu, editor de una revista de derecha y corresponsal del ex embajador norteamericano Spruille Braden, adquirió cierta notoriedad durante la presidencia de Lanusse. Explotando al máximo el uso de su ministerio, adelantado en la manipulación mediática, se forjaría una imagen pública que luego aprovechó electoralmente. Junto a su joven subsecretario David Graiver crearon el PRODE. Manrique estuvo en los lugares "calientes" del mundo en donde peligraran los intereses económicos de los Estados Unidos: en Santo Domingo, en Checoslovaquia y en Bolivia, donde ejerció presión para que el go-

La dirección de prensa del Ejecutivo contratacó con un comunicado a la población que decía "El Estado no se hará cargo de las pérdidas y avales de Swift –afiliada a Deltec–... YPF está a cargo de las tareas más riesgosas y menos rentables de la industria petrolera, porque es desalojada por las empresas privadas (Esso y Shell) en el abastecimiento del mercado interno... Son tres grandes empresas las que en la campaña 1968-1969 recibieron el 92,75% de los redescuentos bancarios (Bunge & Born, entre ellas). A otras empresas, alrededor de 70, se les asignó sólo el 7,25% restante...".

El cruce de acusaciones y los debates ideológicos tenían su correlato objetivo, por ejemplo cuando la Dow Chemical propuso la instalación de una planta petroquímica en Bahía Blanca. Los americanos pretendían, a cambio de inversiones, el control de la empresa. Los militares se opusieron por razones estratégicas –intervenían Gas del Estado y FM– y Perez Companc por razones de pesos.

La disputa de intereses también era cosa de todos los días en el propio seno del gobierno y en el área económica. El presidente del BCRA, Ricardo Grüneisen había salido del directorio de la petrolera Astra para llegar al despacho oficial. Aunque el vice del BCRA, Idelfonso Recalde, era un hombre de la CGE, ambos tenían motivos para fustigar a Ferrer. El primero porque el ministro "espantaba" a las inversiones extranjeras. El segundo porque pretendía continuar con la apertura externa de Krieger. Como el incremento de obstáculos era inversamente proporcional al apoyo, Ferrer y su gente retornaron a la vida profesional

---

bierno no nacionalizara la Gulf Oil, cosa que no pudo impedir. Cfr. Rogelio García Lupo, *La Argentina en la selva mundial*, Buenos Aires, Ed. Corregidor, 1973, pp. 218 y ss.

privada. El general Alejandro A. Lanusse desplazó a su vez a Levingston, su débil antecesor.

Para solucionar el problema de la sucesión de Ferrer el nuevo presidente suprimió sin más el Ministerio de Economía y lo reemplazó por una simple Secretaría de Hacienda que llevaría las cuentas del Estado como si se tratara de una empresa. Pero el principal desafío que se planteó Lanusse fue la institucionalización de la política argentina, cuyo principal y único obstáculo era Juan D. Perón, quien desde el exilio activo en Madrid hacía imposible cualquier acuerdo que no lo incluyera. Perón era la única salida que vislumbraba gran parte de la juventud y del pueblo, ante el horror de la burguesía extranjerizada y el beneplácito de aquellos que habían sobrevivido a la apertura de Krieger Vasena. Su retorno y seguro triunfo electoral abría la expectativa de una coalición obrero urbano-empresariado nacional que elaborara un nuevo diseño de país[8].

Para este fin el filoso empresario José Ber Gelbard, fue elegido en el reinstaurado Ministerio de Economía. Había sido hombre de confianza del general Perón desde 1951, desde la creación de la CGE, entidad empresaria aliada a los intereses globales del peronismo.

Gelbard, que nunca se había mantenido quieto en materia de negocios en los años posteriores a la caída de Perón, exhibía, por supuesto, una larga lista de conexiones. Las empresas y los grupos empresarios eran su fuerte, y la política su ámbito preferido. En ese derrotero conoció a Jorge Rothemberg, contador del osado

---

8 El retorno se produjo definitivamente el 20 de junio de 1973 y se convirtió en un despiadado enfrentamiento entre la derecha y la izquierda peronistas conocido como “la masacre de Ezeiza”.

empresario-financista-funcionario público David Graiver. "Don José", como se lo conocía a Gelbard, quedó muy impresionado por la operación cuasi comando que le permitió a Graiver quedarse con el Banco Comercial de La Plata. La cartera del banco creció vertiginosamente con Graiver, incluyendo las cuentas del Arzobispado de La Plata, del Hipódromo y de importantes sindicatos. Cuando Gelbard y Graiver se asociaron, el joven financista acumuló una fortuna compuesta por bancos, compañías de seguros, empresas de construcción –FUNDAR, con la que hacía negocios desde la Subsecretaría–, de minería, hoteles, firmas de importación y exportación, agencias de juego, la fábrica de jeringas descartables Electroerosión –en la que conchabó a Marcos, un hijo de Lanusse–, estancias, el canal 2 de La Plata, autos, avionetas y locales[9].

Graiver era el hijo adoptado y bendecido de Gelbard, ambos judíos, el primero nacido en la Argentina, el segundo en Polonia y afincado desde niño en Catamarca. Graiver fue asesor financiero de los Perez Companc, familia de fuerte raigambre católica fundadora del Banco Río. Financió también a Jacobo Timmerman –creador de Primera Plana y Confirmado, revistas renovadoras y de éxito en los '70– el proyecto *La Opinión*, el diario que marcaría un quiebre en el periodismo argentino de la segunda mitad del siglo XX.

Una de las empresas importantes de Gelbard era Fate, donde estaba asociado con los Madanes-Friedenthal. Con los primeros fundó el 15 de abril de 1970 la principal

9 Virginia Lanusse era su secretaria privada en el Banco Comercial de la Plata. Estaba casada con el comisario Mario Bartolomé, responsable de la custodia de Graiver hasta 1976, cuando lo empleó Videla.

fábrica de alumnio del país. "El caso Aluar" ocupó el interés de la población durante varios meses, puesto que en él se reflejaba la connivencia de militares y empresarios "nacionales" en actos de corrupción y prebenda[10].

El proceso licitatorio del que participó Aluar fue arduo. Para los militares la empresa tenía valor estratégico, sobre todo para la aviación. Por ello un grupo de brigadieres formó COPEDESMEL, una corporación para el desarrollo de los metales livianos –los trascendidos sobre su formación hablan de desvíos de fondos por 4 millones de dólares– que asociados a Aluar y a los italianos Montedison, rivalizaron contra la estadounidense

---

10 A propósito de empresarios, el joven economista Jorge Garfunkel –uno de los titulares y nieto del fundador de BGH–, había elaborado su tesis de doctorado para responder a la pregunta ¿Cómo es el empresario argentino? Más allá de sus conclusiones particulares interesa una formulación general que ya se vislumbraba en 1972: "Su primera función es la de producir bienes y servicios para el público lo más eficazmente posible, pero su influencia se extiende más allá de los negocios. Y en algunos países, sobre todo en las naciones más desarrolladas, a falta de una ideología opuesta, tiende a prevalecer la ideología de los negocios. Sin embargo en nuestro país el camino recorrido en esta dirección es bien pobre. La falta de expresividad política del sector industrial es un hecho evidente, sólo comprensible si partimos del supuesto siguiente: el proceso industrial argentino es relativamente nuevo y los restos de la clase tradicional dirigente han ocupado, hasta hace poco, las funciones reservadas al nuevo grupo dirigente." Revista *Mercado*, febrero de 1972. Garfunkel se refería a la dirigencia empresarial que actúa políticamente desde el ámbito de las instituciones –como en el primer mundo–. El empresario nacional operaba en cambio a espaldas de la ciudadanía y a cualquier precio. Garfunkel no encontraba un "espíritu del capitalismo" sino un "espíritu del prebendarismo", para utilizar términos weberianos. Al final deja abierta una luz de esperanza que, vista en retrospectiva, se apagó.

A mediados de los '70 Jorge Garfunkel –casado con Mónica Madanes–, su padre Marcos y su hermano Andrés, se desvincularían del grupo BGH para crear el Banco del Buen Ayre y participar en Materfer e Iveco y en la batalla por las licitaciones telefónicas en la década del '90.

Kaiser y Pralsa, un consorcio argentino asociado con la metalúrgica suiza Alusuisse.

El caso es que el Estado se comprometía a construir una usina eléctrica y un puerto de aguas profundas por un costo aproximado de 350 millones de dólares. Lanusse movilizó todas sus influencias para que Aluar ganara la licitación. Luego eximió a la empresa de la ley de compre nacional porque Aluar se había comprometido a adquirir por 20 años insumos canadienses, más maquinarias italianas. Además el Estado le aseguró la rentabilidad del 60% de la inversión, que fue de 400 millones de dólares[11].

Se especula que Lanusse benefició a Aluar para que Gelbard lo ayudara a concretar el Gran Acuerdo Nacional, un frente partidario que frenara al peronismo. Sucedió, empero, todo lo contrario, luego del retorno a las elecciones democráticas. Elegido Héctor Cámpora presidente de la Nación en 1973, pero verticalista respetuoso de las órdenes de Perón, "el Tío" Cámpora nombró a "Don José" al frente de la economía nacional.

Pese a la euforia, uno y otro recibían un país que quemaba las manos, como una brasa. El déficit fiscal de 1970 se había multiplicado por cuatro en 1971. Las inversiones se habían reducido al máximo. En 1972 la tasa de desocupación alcanzaba el 13% en la provincia de Tucumán, el 8% en Buenos Aires y la media nacional era superior al 10%. Ese mismo año, desde el Banco Central se afirmó que el país estaba en una virtual cesación de pagos, por lo cual se gestionaron créditos internacionales. Entre 1972 y 1973, señala el economista Salvador

11 María Seoane, *El burgués maldito*, Buenos Aires, Editorial Planeta, 1998. Es la investigación más seria sobre José Ber Gelbard.

Treber, la situación política interna determinó que las autoridades del Palacio de Hacienda se desentendieran del todo de la conducción económica y trasladaran la crisis al gobierno entrante[12].

En la arena política la lucha estaba planteada entre el establishment y el pueblo, "liberación o dependencia". Mientras Rodolfo Galimberti reclutaba estudiantes universitarios para la causa revolucionaria del "General", el índice de precios al consumidor en los primeros cinco meses de 1973 bordeó el 32,1%.

Una candorosa anécdota, o no tanto: convencido de que su partido Nueva Fuerza sería segundo en las elecciones, Alsogaray le escribió una carta a Perón donde le aconsejaba abrazar sus ideas económicas ultraliberales, y así asegurar la gobernabilidad del futuro gobierno[13]. Tendría que esperar 17 años para ver cumplido su sueño.

A comienzos de abril de 1973, un mes antes que asumiera Gelbard, los balances mensuales de Tesorería informaban que la magnitud del "rojo" público obligaba a una emisión inusual de moneda, que no se correspondía con la expansión de la disponibilidad de bienes y servicios generada por el aparato productivo. La emisión estaba forzada por un déficit estructural e inamovible, agravada por la inestabilidad política.

La crisis se basaba fundamentalmente en la insuficiente generación de empleo, el déficit de las transacciones internacionales del sector industrial, y el sector externo. El desarrollo industrial se apoyaba en las posibilidades

---

12 Salvador Treber, *La economía argentina actual. 1970-1987*, Buenos Aires, Ediciones Macchi, 1987.

13 Revista *Primera Plana*, 28 de marzo de 1972.

de abastecimiento importado de maquinarias, equipos y materiales, pagado con las divisas que aportaba el agro.

El equipo de Gelbard lanzó una serie medidas coherentes con el pensamiento peronista "del '45" para lograr un "sustancial cambio económico". Aquel primitivo peronismo pregonaba la armonía entre los intereses del trabajo y el capital pero, si antes de la "Revolución Libertadora" había resultado difícil armonizar esos intereses, ahora, con el peso político que habían adquirido el sindicalismo y las "formaciones especiales" y la transformación del Estado que ya demostraba pobreza e insuficiencia, la cosa no era tan sencilla. El peronismo retomaba el gobierno en una situación económica, social y política radicalmente más compleja y difícil que cuando fuera derrocado en 1955[14].

Para intentar revertir la crisis esta tendencia, Gelbard impulsó las siguientes normas:

14 Aldo Ferrer, *Crisis y alternativas de la política económica argentina*, Buenos Aires, Ariel, 1978: "Entre 1955 y 1972 el consumo privado por habitante aumentó un 70% y el desarrollo industrial diversificó los bienes disponibles para el consumo interno... Las inversiones y la incorporación del cambio tecnológico en la infraestructura diversificaron y ampliaron el abastecimiento energético y los servicios de transportes y comunicaciones... Los problemas eran la insuficiente generación de empleo, el déficit en las transacciones internacionales del sector industrial y la vulnerabilidad externa... El desarrollo industrial continuó apoyado en las posibilidades de abastecimiento importado de maquinarias, equipos y materiales, pagados con las divisas generadas por el sector agropecuario; la industria insume alrededor del 75% del total de las importaciones y las manufacturas de origen no agropecuario suministran alrededor de un 10% de las exportaciones... En 1973 no era posible financiar la alianza de los sectores urbanos con la transferencia de ingresos desde el sector rural o la utilización de cuantiosas reservas internacionales... eran indispensables el crecimiento de la producción y el ingreso real".

• Ley de Defensa del Trabajo y la Producción: Ampliaba el cupo de importaciones para empresas nacionales. No se especificaba qué empresas entraban en esa categoría.

• Ley de Promoción Industrial: Marginaba a los capitales extranjeros y negaba prioridades a la industria pesada. El Estado estaba obligado a comprar suministros en las empresas nacionales. La falta de capitales derivó en un estancamiento de la expansión industrial.

• Creación de la Corporación de Empresas Estatales y de la Corporación de la Pequeña y Mediana Empresa: La burocracia aumentó aún más el tamaño y la ineficacia del aparato público. Además, la única organización empresaria autorizada para representar al sector privado fue la CGE, negando la representatividad de las entidades del interior, de la Patagonia y de la Sociedad Rural.

• Ley de Radicación de Capitales Extranjeros: Impedía la cooperación financiera extranjera y se contradecía con otros cuerpos legales que había firmado el peronismo. Recién cuando Celestino Rodrigo fue ministro, retornó la inversión foránea. El país se envolvió en su soledad periférica y se perdió una oportunidad histórica de forjar un modelo de acumulación nacional. Ningún extranjero podía adquirir más del 50% de una empresa radicada en la Argentina y se restringieron las remesas de utilidades al exterior. Las compañías extranjeras no podían deducir de la declaración de tributos las regalías y otras cargas fijadas por sus casas matrices.

• Una combinación de condonación de sanciones impositivas y moratoria, en vez de disminuir la presión fiscal sofocó a los pocos meses a las pequeñas y medianas empresas.

• Leyes para el Agro: Recortaron los ingresos del campo y concluyeron acelerando desequilibrios. La "Ley Agraria" procuró un "enfoque de conjunto" que fuera más allá de un esquema de colonización y arrendamiento. Abarcaba la conservación de los recursos naturales y el incremento de la productividad. El título preliminar proclamaba la función social de la tierra, que se cumplía cuando era explotada de acuerdo a su productividad potencial. El "dominio agrario" establecía una serie de doctrinas que limitaron el derecho de propiedad en función del " uso social de la tierra".

Por estas leyes la Confederación Intercooperativa Agropecuaria (CONINAGRO), la Sociedad Rural y la Confederación de Asociaciones Rurales de Buenos Aires y La Pampa (CARBAP) pusieron el grito en el cielo y se convirtieron en fieros enemigos de la política económica de Gelbard. Pronosticaron descensos en la producción y el deterioro de las economías regionales. Aunque apuntaron sus críticas a la política de precios y de impuestos, lo que más los había irritado fue la creación de organismos con poderes máximos que excluían a los hombres del campo. La política oficial fue "elaborada con total marginación de las entidades vinculadas al quehacer", dijeron. La verdad es que se los excluyó deliberadamente: a falta de financiamiento externo, prohibido por ley, se había decidido, repitiendo el esquema del primer peronismo, cubrir las necesidades industriales con recursos transferidos de la actividad agroganadera.

Hubo menor siembra en 1973 y en 1974 como represalia a esta decisión de Gelbard. Pero la presión sobre el agro empeoró aún más las condiciones porque el ministro quería bajar el costo argentino manteniendo deprimidos los valores de la canasta familiar, donde la carne ocupaba un lugar preponderante. Aquí había otra transferencia más o menos encubierta de recursos del campo a la industria.

Para contener el alza de los precios Gelbard puso en funcionamiento su Plan Inflación Cero. La primera etapa de esta ambiciosa estrategia consistía en el congelamiento y rígido control de precios y salarios. Una vez estabilizados, se iniciaría una segunda etapa de flexibilización, un ajuste paulatino derivado de la "inflación importada". El proyecto quedó apenas en el papel porque la Argentina padeció, como el resto del mundo, la estruendosa explosión del precio del petróleo y todos sus derivados decidida por los países productores nucleados en la OPEP.

La apremiante necesidad de asistencia financiera internacional se tradujo en una doble estrategia diplomática. Por un lado la Argentina ignoró el bloqueo sobre Cuba con un préstamo al régimen de Fidel Castro de 200 millones de dólares –y la exportación a la isla de automotores de fabricación nacional[15]–. Hubo además un significativo acercamiento al bloque comunista, incluido un viaje del ministro a Europa Oriental[16]. Al mismo tiempo el gobierno gestionó acercamientos a las empresas petroleras radicadas en el país, abandonó sus cuestionamientos a la Organización de Estados Americanos (OEA) y aceptó el "nuevo diálogo" propuesto por Henry Kissinger, secretario de Estado de Richard Nixon.

---

15 En abril de 1974 Ernesto Pueyrredón, presidente de Astilleros Alianza y su vice, Arnaldo Martinenghi, anunciaban la venta a Cuba de tres embarcaciones de 144 metros de eslora.

16 El veterano periodista Isidoro Gilbert en su libro *El oro de Moscú* afirma que Gelbard fue uno de los principales financistas y operadores económicos del Partido Comunista Argentino. Esto explicaría sus desplazamientos.

Perón había vuelto anciano al país como la única figura capaz de conjurar la tormenta ideológica, económica y política que se cernía sobre la Argentina. Los enfrentamientos por dentro y por fuera del partido lo obligaban a estos permanentes dobles juegos, o bien a compensar con exenciones impositivas y liberaciones arancelarias al sector empresario para compensar la política de precios. Además Perón necesitaba realizar gestos de moderación política para neutralizar la creciente influencia de la izquierda dentro del partido, en el grueso de la juventud, en gran parte de los diputados, en economistas e intelectuales. Precisamente desde el ala izquierda se motorizaron los controles de precios y el aumento inicial de salarios del 40% que las compañías privadas debían absorber de sus utilidades, y la nacionalización de los depósitos bancarios, medidas que irritaban a la derecha y a la dirigencia empresarial opositora a la oficialista CGE. No obstante, a través del congelamiento de precios se lograron los niveles más bajos de inflación de los últimos veinte años, pese a la crisis del petróleo. Como política de mediano plazo se elaboró un Plan Trienal asentado en la elevación de exportaciones tradicionales y manufacturadas. Pese al entusiasmo de sus autores, el Plan adolecía de mecanismos de implementación concreta, no indicaba fuentes de financiamiento, cronogramas de ejecución ni un esquema idóneo de control de gestión.

Pero la inflación rebrotó luego del shock inicial, generando incertidumbre y descontrol tanto en funcionarios públicos como en los directorios de empresas privadas. En mayo de 1974 alcanzó el 74%. No bajaría de los tres dígitos hasta 1976.

En plena crisis mundial, la Argentina producía una explosión de importaciones, sobre todo de hidrocarburos.

En el tramo junio de 1974, mayo de 1975, se gastaron dos tercios de las reservas en divisas disponibles. En julio de 1974 el Mercado Común Europeo vedó la entrada de carnes argentinas, medida que obligaba a una devaluación para poder conquistar otros mercados.

El empresariado obró consecuente con su conducta en situaciones similares: sobrefacturó importaciones, subfacturó exportaciones, vendió en el mercado negro, desabasteció, hizo "contrabando inverso" –en la denominación de Salvador Treber, la desaparición lisa y llana de cosechas a través de la frontera– y evadió impuestos. El industrial tipo prefería dejar de producir antes de hacerlo a riesgo de descapitalización. El oficialismo y la izquierda llamaron a este fenómeno "una maniobra de los monopolios". Los artículos de primera necesidad desaparecían de los mostradores o escaseaban. El desabastecimiento y el mercado negro generaban por su parte alzas de precios y las obligadas presiones sindicales por mejoras salariales. Todo junto, ponía en funcionamiento acelerado el juego perverso de la inflación. A la distorsión inflacionaria habría que agregar errores y negligencia oficiales en la administración de precios, en la demora en la resolución de importación de insumos y en una ciega y sorda burocracia oficial que desalentaba la producción.

Algunos especialistas detectaron además evasión de capitales –2.000 millones de dólares entre 1974 y 1976– que se sumaban, desequilibrando aún más la economía del país, a los 10.000 millones de dólares argentinos depositados en cuentas foráneas antes de 1973.

En 1974 Gelbard y su sucesor Alfredo Gómez Morales –un histórico del peronismo que en ese momento ejercía la presidencia del Banco Central– reconocieron ventas externas ilegales por 700 millones de dólares que podrían estirarse hasta los 2.500 millones según otros cálculos. Al traspasar las fronteras las mercaderías triplicaban su valor.

Gelbard confuso, perdido, enojado, intentó jugar el papel de "superministro progresista", pero las críticas de los políticos y los periodistas lo sacaban de las casillas. No las podía soportar. A mediados de septiembre de 1973 ya había pedido la clausura del diario Clarín, desde cuyas páginas se cuestionaban las medidas del ministro[17]. El 13 de Junio de 1974 la CGE y la CGT castigaron al diario con una veda publicitaria, lograron la intervención –el periodista Oscar García Rey– y pusieron a la publicación contra la pared. A pesar de que el asunto tuvo trascendencia y reprimenda internacional, el diario perdió una fortuna.

Al fin, la Unión Soviética quedó casi como único comprador de carnes, vinos y cereales –un tratado que aplaudió el Partido Comunista de la Argentina y su central en Moscú, y que los militares de la dictadura esgrimieron como acusación– pero el resto de los puentes con el por entonces bloque socialista, o fueron un fracaso, o meras expresiones de deseos, o "clavos" para el Banco Central –los préstamos a Cuba, por ejemplo, nunca fueron devueltos–.

En septiembre de 1974, jaqueado desde todos los sectores, Gelbard intuía su alejamiento. La industria privada se descapitalizaba, el agro cuestionaba enfervorizado, los obreros reclamaban aumentos de salarios, los políticos opositores lo atacaban y sus aliados comenzaron a tomar distancia mientras el desabastecimiento se volvía endémico. Sólo Julio Bronner desde la CGE atinó a defenderlo: "Son los agentes de la CIA los que fomentan el desabastecimiento".

---

17 Antes de la intervención al matutino, un grupo de matones sindicales tiró sobre la entrada de la calle Piedras bombas incendiarias y efectuó disparos que produjeron alarma y heridos.

El proyecto Inflación Cero, el Plan Trienal, el Acta de Compromiso Social terminaron en un desastre y en el agotamiento de las finanzas del Estado, el recelo del sector privado y el despecho de la clase obrera.

Poco antes de su alejamiento Gelbard declaró a la revista Siete Días: "El país no tiene demasiadas opciones en materia económica; eso lo sabía Perón". ¿Ya anunciaba Gelbard que se avecinaba el temido y gran ajuste estructural de la economía, la "otra" opción que el peronismo no quería aplicar? ¿Admitía su impotencia, o la imposibilidad de un modelo nacional y popular?¿Podía un gobierno peronista aplicar medidas ortodoxas a una sociedad hiperpolitizada e inmersa en violentos enfrentamientos?

La muerte de Perón en junio de 1974 agregó combustible al incendio. La ultra izquierda –Montoneros en la clandestinidad, ERP, FAR, FAP– de un lado y la ultra derecha –la Alianza Anticomunista Argentina (AAA) organizada desde el Estado por el alter ego de Perón y ministro de Bienestar Social, José López Rega[18]–, la Policía y el Ejército del otro, combatían estruendosamente por ocupar el vacío de poder dejado por el "león hervíboro", causando centenares de muertos y heridos.

Las versiones periodísticas informaban que López Rega quería a Celestino Rodrigo, un profesor universitario prácticamente desconocido, como sucesor de su enemigo Gelbard. Debió esperar para ver cumplida su aspiración. "el Brujo" era prácticamente dueño de la voluntad de Isabel Perón, del mismo modo que había influido sobre el anciano caudillo en los últimos años. Con brujería o

---

18 Ex cabo de la policía bonaerense devenido en secretario privado de Perón, tenía increíble poder e influencia en las policías federal y provincial.

con todo tipo de manejos disponía de cuantiosos fondos, funcionarios, resortes íntimos del Estado y un pelotón disciplinado de asesinos profesionales.

Pero asumió el veterano Alfredo Gómez Morales, director de Banco Central –crítico de Gelbard pero firmante de las emisiones monetarias que fogoneaban la inflación–, representante del peronismo ortodoxo e histórico aunque de ideas liberales, respetado por la dirigencia sindical, conocedor de la interna peronista y al mismo tiempo con buenos contactos en los Estados Unidos.

En medio del caos, Gómez Morales ofrecía una imagen conciliadora. La de un especialista que, de algún modo, representaba al núcleo de funcionarios que había secundado a Perón en los años dorados. Había sido máximo responsable de la Dirección General Impositiva en 1947. Integró el directorio de la Dirección Nacional Industrial del Estado (DINIE) y ocupó el cargo de subsecretario de Comercio entre 1947 y 1949. Desde enero de 1949 hasta junio de 1952 –la gran crisis externa– se había desempeñado como secretario de Finanzas y en la presidencia del Banco Central. En 1952, en pleno tifón económico, fue designado ministro de Asuntos Económicos, cargo que dejó en 1954 para desempeñarse como secretario del área hasta 1955.

Muerto Perón, otro hombre de edad avanzada y trayectoria como Gómez Morales aportaba un perfil paternalista y cohesivo. Se rodeó además de varias figuras de la primera etapa peronista: Antonio López, Carlos Emery, Miguel Revestido, Julio Palarea, Luis José Vasallo, Ricardo Cairoli[19].

---

19 Cairoli sería con los años titular del BCRA. En la vida privada fue socio del médico Salvador Gorodisch en la compra del Banco Financiero y después del Banco Crédito Argentino, asociándolo a Fernando de Santibañes, titular de la SIDE durante la primera etapa de gobierno de Fernando de la Rúa.

Una de las tantas cosas con las que tenía que vérselas el muevo ministro era la política laboral del peronismo. El sector estatal, desbordado por la superpoblación de agentes, obligaba a la emisión de moneda para el pago de los salarios, por lo que la liquidez representaba un 60% más que a fines del '73. Según cifras oficiales, entre 1972 y 1975 la administración central, las empresas públicas, provincias y municipalidades, habían ocupado a 340.000 nuevos agentes. Como contrapartida era notable por ejemplo la escasez energética, producto de la falta de inversión y mantenimiento en empresas como SEGBA y ENTEL.

El sector privado padecía un nuevo fenómeno que afectaba drásticamente su productividad, el ausentismo, resistencia pasiva del sector obrero a la depreciación de sus salarios, que permitía la efectivización de la jornada laboral sin trabajarla. Esta práctica abusiva había trepado al 30% en 1974, generando un costo adicional que los empresarios trasladaban a los siempre ascendentes precios. La situación repetía el último año de gobierno peronista antes de su derrocamiento en 1955: reclamos sindicales y quejas de los empresarios ante Perón, liderados por Gelbard, por el desaforado ausentismo obrero. En 1974 como en 1955, los trabajadores cuestionaban la legitimidad de los patrones sobre lo que podían o no exigir a la fuerza de trabajo. Esta resistencia al concepto de "racionalización empresaria" se arraigaba, dice Daniel James, en el desarrollo durante la primera etapa del peronismo de una "cultura sindical". Sin embargo las organizaciones obreras se limitaron a exigir, reiteradamente, la actualización de los salarios básicos de convenio[20].

---

20 Daniel James, *Resistencia e integración*, Buenos Aires, Sudamericana, 1990, pp. 86 y ss.: "En el Congreso de la Productividad de 1955,

El análisis de las circunstancias permite afirmar la debilidad y los límites de la coalición entre burguesía y trabajadores mediada por el peronismo. Cada vez que la economía se atascó –por dificultades en el sector externo, por presiones políticas, por lo que fuera–, durante cada crisis afloraron los intereses sectoriales y la puja distributiva. Ni obreros ni trabajadores aceptaban cargar el peso en épocas de escasez. Pero Perón ya no estaba para sonreír beatíficamente y poner un manto de piedad sobre los conflictos, a los que por otra parte nunca demostró tener ni la capacidad ni la voluntad de dar solución definitiva –esa ineptitud fue factor determinante del golpe y derrocamiento en 1955–. Cada momento conflictivo era remediado con "pactos" o "acuerdos" que generalmente sirvieron apenas como antesala de ajustes en perjuicio de los sectores populares, mientras la burguesía nacional se retraía triunfadora y silenciosa, esquema que se reiteraría una y otra vez. Mientras hubo recursos el juego de seducción funcionó. Cuando se terminaron, sólo quedó la realidad que acorraló a los que menos tenían.

El Pacto Social entre la CGT y la CGE se reeditó el 1° de Noviembre y se hubiera prolongado, según su letra, hasta Junio de 1975. Acordaba un fuerte aumento salarial y beneficios sociales adicionales que no alcanzaron a cubrir las expectativas de Lorenzo Miguel y su poderoso gremio metalúrgico (UOM). Los conflictos resultantes más la inflación obligaron a Gómez Morales a romper el

---

José Gelbard había deplorado: 'Asumen en muchas empresas las comisiones internas sindicales que alteran el concepto de que es misión del obrero dar un día de trabajo por una paga justa... Tampoco es aceptable que por ningún motivo el delegado obrero toque el silbato en una fábrica y la paralice"

pacto y acordar nuevos ajustes. Perón ya no estaba para laudar. De todas las leyes tributarias dictadas en 1973 –que incluían desde sanciones penales a los evasores, hasta la fiscalización de actividades financieras y bursátiles–, sólo se aplicó la medida regresiva de imponer sobre el consumo masivo –a través del IVA– la responsabilidad del financiamiento del festín estatal. Al cabo de los primeros meses de gobierno, el único éxito que podía mostrar el nuevo ministro era una reducción de tres puntos en el índice de desocupación. Victoria flaca si se considera que se logró agregando más páginas aún a la larga nómina de empleados estatales.

Para agravar el panorama, el año 1975 presentaba un complicado escalonamiento de vencimientos de compromisos externos. El 25 de marzo de 1975 Ricardo Cairoli, presidente del Banco Central advirtió sobre una peligrosa reducción en las reservas internacionales. Si la emergencia no se superaba, Cairoli auguraba que las posibilidades reales de decisión política dejarían paso a "negociaciones de crédito" –se refería sin vueltas a la gestión de un préstamo stand by–. La sola mención de un préstamo de estas características, constituía una señal de alarma, más que justificada porque la merma de reservas externas entre julio de 1974 y abril de 1975 había sido del 40%. Traducido a dólares, una baja de 1.000 millones.

Los préstamos stand by anteriores requeridos por la Argentina derivaron en los denominados Planes de Estabilización que, en última instancia, produjeron situaciones recesivas y una redistribución regresiva del ingreso. Por eso algunos analistas entendían que la Argentina disponía de otras posibilidades de financiación antes de concretar un stand by, por ejemplo la renovación de compromisos externos del sector privado. Más allá de todo, para conseguir recursos de mercados financieros del exterior se dependía de la "luz verde" del Fondo Monetario[21]. En un viaje a los Estados Unidos –entonces nuestro principal acreedor con 30,8% del total de las obligaciones argentinas– en busca de alivio financiero, Alfredo Gómez Morales declaró a los periodistas que lo acompañaban algo que desde entonces hasta hoy parece una pesadilla que se repite y se agranda: "La Argentina necesita nuevos créditos para ir compensando parcialmente el esfuerzo de pagar con toda puntualidad los servicios de amortización e intereses de la deuda externa, sobre todo en los próximos tres años. Los préstamos tenderán a facilitar un mejor escalonamiento de la deuda, cuyo principal defecto no es su magnitud, sino la distribución en los cuatro años que vendrán[22]." La deuda externa argentina ascendía a comienzos de 1975 a 8.100 millones de dólares –capital más intereses–, un 14% más que el año anterior y representaba un 20% del PBI de ese año. El sector público cargaba con la mayor parte del endeudamiento –5.600 millones– por el incremento en las importaciones de petróleo y sus derivados –indispensables para mantener el nivel de actividad interno– en

---

21 El stand by recién se concretaría bajo el ministerio de José A. Martínez de Hoz, cuando la banca externa recibiera de la burguesía transnacional la señal de que la Argentina ofrecía "condiciones aceptables". A este respecto se registró un hecho ejemplificador de cómo se maneja la burguesía trasnacional. Adalbert Krieger Vassena, ex ministro de Economía de la Argentina entre 1967 y 1969 escapó a los encuentros con Gómez Morales. Años más tarde, cuando José A. Martínez de Hoz asumió sus funciones en el Palacio de Hacienda y negoció con el BIR, Krieger Vasena, vicepresidente de esa entidad, le dio su respaldo sin tapujos y hasta procuró que el periodismo los viera juntos en cada evento institucional o comercial. Cfr. Daniel Muchnik, *El tobogán económico*, Buenos Aires, Ariel, 1978, p. 114.

22 Daniel Muchnik, Op. Cit., p. 116.

momentos en que el precio internacional se había cuadruplicado, y por el financiamiento de obras públicas que requerían crédito externo por falta de ahorro en el país. El sector privado mantenía el endeudamiento en los mismos niveles del año anterior.

Las gestiones del ministro no tuvieron buena acogida en la delegación de empresarios de la CGE que le seguía los pasos. Julio Bronner, líder de la CGE, exclamó en la embajada argentina en Washington, indignado y a los gritos: "Nosotros no necesitamos al Banco Mundial, ni al FMI ni al BID... ¿para qué vinimos?[23]".

Sin recursos externos, las posibilidades de Gómez Morales eran limitadas porque el 40% de las operaciones comerciales del mercado interno se pactaban en negro, y el contrabando por exportaciones fue de 2.500 millones de dólares en 1975, contra 3.000 millones en operaciones legales. Como en 1952, repitiendo un viejo tic, el ministro amenazó con llenar la cárcel de Villa Devoto con agiotistas. Perón, cabe recordar, hizo encarcelar en los últimos tiempos de su segundo mandato a medio centenar de comerciantes aplicándoles la mentada Ley del Agio y la Especulación, castigo que no produjo ningún efecto positivo contra la carencia de productos esenciales y la inflación.

Más allá de las amenazas, la única medida a mano, la más fácil y pedida a viva voz por todos los sectores productivos, era una devaluación. La industria frigorífica declaraba que la política de cambio en vigencia constituía una de las principales trabas para salir del ahogo luego del cierre del Mercado Común Europeo para sus productos[24]. Los

23 Daniel Muchnik, Op. Cit., p. 113.

24 Hay que repetir que el proteccionismo del Mercado Común redujo las exportaciones del sector ganadero entre el 60 y el 70%.

cerealeros se sumaban, para lograr mejores precios. Los productores de lana pedían realizar parte de las operaciones en el mercado financiero, o en el mercado libre de divisas, de acuerdo a una estructura implementada por el Banco Central en 1968. Los empresarios industriales requerían mayores reintegros y reembolsos por la suba en los precios internacionales de insumos intermedios y bienes de capital que la Argentina importaba. Y todos pedían una devaluación. Gómez Morales se resistía: "Las devaluaciones no resuelven nada. Es la última medida a la que yo apelaría", dijo a la prensa. Pero tampoco podía contar con políticas activas de un Estado que apenas respiraba, atestado de agentes, artrítico, en manos de los representantes de la coalición nacional y popular, atado a la suerte de la alianza agonizante. El intento de construir un modelo "nacional y popular" había tocado fondo. Esa misma expresión, "tocar fondo", se volvería a utilizar en los años de fuego y en los de democracia. Se "tocó fondo" en 1978, a minutos de un enfrentamiento armado con Chile. Se "tocó fondo" tras el colapso de la "plata dulce" en 1981 y la quiebra en cadena de gran parte de la banca nacional –el fraude de un solo banco, el BIR, le costó al Banco Central 900 millones de dólares–. Después se "tocó fondo" con la Guerra de Malvinas, las pérdidas humanas y la exclusión argentina de todos los foros internacionales. Y años más tarde se volvió a "tocar fondo" con las hiperinflaciones radicales y menemistas. En los '90, en tiempos del Reino del Ajuste, bajo el imperio de la filosofía del "mercado libre", con inéditos niveles en los índices de desocupación y pobreza, consecuencia directa de la concentración económica, pocos se animaron a usar el término "tocar fondo".

Pero de regreso a 1975 ¿qué medidas consideraba eficientes Gómez Morales? Creía, echando mano a su arsenal teórico ortodoxo, que existía una única solución viable que no se atrevía a aplicar, es decir, la contracción de la demanda a través de un mecanismo gradual de austeridad y productividad a pleno, sumado al estímulo de la inversión privada. Eran decisiones económicas y políticas de envergadura que necesitaban un amplísimo consenso, imposible de lograr en una coyuntura definida por la violencia, la polarización y la falta de liderazgo. Cuando la CGE, que ya estaba desapareciendo de la escena pública –coautora de los planes ejecutados por Gelbard y corresponsable de algunas de las penurias padecidas por el empresariado–, propuso la fijación de "justos márgenes de utilidad, adecuados a los costos reales y un retorno a la Concertación", Gómez Morales bajó las persiana de su mandato. Eludió el temido y terrible shock pero intuía que su sucesor –para regocijo de López Rega–, el inefable Celestino Rodrigo, sería permeable a las demandas del empresariado transnacional y de la burguesía criolla.

El 2 de Junio de 1975, Rodrigo bajó del subterráneo en Plaza Mayo y caminó hasta la Casa Rosada para el juramento de práctica. Suele dividirse la historia económica del país en un antes y un después de ese día. En todo caso, Rodrigo y Ricardo M. Zinn, su mano derecha, fueron la piedra angular del último cuarto de siglo de la Argentina.

De la vida pública de Rodrigo puede decirse que en 1944 fue presidente del Banco de Crédito Industrial Argentino –más tarde Banco Nacional de Desarrollo–, después pasó por los despachos de SOMISA –fue asistente del General Savio– y ejerció el profesorado de Geografía Económica –su especialidad– en las facultades de Ingeniería y Ciencias Exactas de la Universidad de Buenos Aires. Las prácticas ocultistas unen su vida secreta con López Rega, ambos espiritistas y obsesivos creyentes en los designios de la astrología[25].

Pero no se puede hablar de la actuación de Celestino Rodrigo como ministro sin hacer referencia a Ricardo M. Zinn, incondicional acólito del siniestro ministro de Bienestar Social José López Rega. Juntos formaron parte del "Operativo Libia", una misión secreta de acercamiento a M. Khadaffi, el líder libio que por entonces pretendía encabezar un movimiento nacionalista formado por los países árabes y manejarse con independencia respecto del cartel productor de petróleo, la OPEP. El plan consistía esencialmente en el trueque de armamentos y apoyo al régimen de Khadaffi en los foros internacionales, a cambio de petróleo.

En verdad, las medidas que aplicó Rodrigo –que carecía de solvencia académica y de experiencia en el manejo de la economía– eran elaboradas por Zinn, secretario de Programación y Coordinación Económica, un tecnócrata disciplinado que pasó fugazmente por la historia argentina a las órdenes y con todo el apoyo de Isabel Perón y su entorno. Se lo conocía por su experiencia financiera como presidente de un banco privado del grupo Sasetru –capitaneado, a su vez, por el ex ministro de Economía Eduardo Salimei–, y como secretario del ex ministro Aldo Ferrer. Fue un personaje singular en la vida económica del país: testarudo, intempestivo, veleidoso, con una visión paranoica de los personajes de la vida política, polémico y solitario, se consideraba "un cirujano que no titubea". Si Rodrigo fue uno de los pocos funcionarios encarcelados

---

25 Cfr. Alejandro Horowicz, *Los cuatro peronismos*, Buenos Aires, Planeta, 1990, p. 334.

por manejos turbios de los fondos de la Cruzada de la Solidaridad, Zinn fue un "intocable", bajo el paraguas de la burguesía transnacional y las grandes empresas de pensamiento ultraliberal. Con los años se convertiría en asesor de empresas y en el creador, durante la dictadura de Videla, de la divulgada consigna "Achicar el Estado es agrandar la Nación". Asesoró a Franco Macri en la planificación del proyecto automotriz Sevel y a María Julia Alsogaray, durante el menemato, en la privatización telefónica. Murió en el mismo accidente aeronáutico que en Perú le costara la vida al ex presidente de YPF, Paz Estensoro, para quien trabajaba como consultor.

Cuando asumió, Rodrigo dijo: "Hemos estudiado largamente la realidad económica argentina –el plural se refería en primer lugar a Zinn y a un equipo de investigadores comandados por el empresario Domingo Catena, del grupo vitivinícola de igual nombre– y se decidió emprender de una vez por todas el saneamiento de nuestra riqueza, tomando las medidas necesarias sin temor a críticas y hablando al pueblo con la verdad. Algunas medidas pueden parecer, a primera vista, un tanto impopulares, pero tenemos ante nuestra vista un ser querido que está enfermo y es preciso operarlo para salvar su vida[26]."

El ingeniero Celestino Rodrigo, como otros ministros de Economía que le sucederían, empleaba –tal vez inspirado por Zinn– metáforas organicistas, un recurso retórico que equipara los males de la economía a un cuerpo enfermo y los ajustes con la sanación. El dolor resulta entonces necesario para la cura, como cuando el médico receta un jarabe desagradable a un niño engripado. Aunque a la luz de la historia, estos "médicos" han recetado, en vez de jarabe,

26 Daniel Muchnik, Op.Cit., p. 150.

remedios vencidos, drogas experimentales y hasta veneno para ratas. Menem no escaparía en los '90 a esta retórica paternalista y autoritaria. Reiteraría, antes de cada nuevo ajuste, "Hay que hacer cirugía mayor y sin anestesia", y siempre aseguró "no me va a temblar el pulso". Amparado en esa mentirosa sinceridad, Rodrigo, como sus tecnócratas sucesores, ejecutaba las medidas más drásticas.

La noche del miércoles 4 de junio de 1975, el nuevo ministro se sumergió en aguas procelosas: Megadevaluación del 100%, aumento del 175% en combustibles, del 76% en energía eléctrica y del transporte entre el 80 y 120%. Autorizó aumentos de precios, pero congeló los salarios –anuló incluso los aumentos recientemente pactados en convenciones paritarias–, elevó un 50% la tasa de interés en créditos a corto plazo e impuso restricciones al crédito bancario. Fue el gran día. Fue el "Rodrigazo". El inicio de una etapa demoladora aún inconclusa, el origen de gran parte de los males ulteriores. El "Rodrigazo" intentó desahogar el sector externo –bajo presión por la falta de divisas–, licuar las acreencias del Estado, disminuir el nivel de actividad en el mercado interno –para frenar la inflación– y sanear la bancarrota de las empresas públicas vía aumento de tarifas. El ajuste se proponía también restablecer la competitividad de las exportaciones, por lo que se reajustó el régimen de derechos y desembolsos[27]. Sus autores comentaban que "había que ajustar el país formal al país real".

27 Salvador Treber, Op.Cit., p. 81: "De acuerdo con ellos (reajustes en el régimen de derechos y reembolsos), el tipo de cambio resultante para cereales implicó un incremento oscilante entre 184 y 239%; para carnes y sus derivados del 60% – aunque computando el régimen

Si el "Rodrigazo" se implementó para conseguir un crédito stand by, sus ejecutores olvidaron que su otorgamiento dependía de otros obstáculos de alto voltaje político como la oposición de las fuerzas gremiales –una pata importante de la mesa del poder peronista– y la calificación "riesgo país" que iba empeorando día a día por el desborde económico y los tiroteos entre las distintas bandas que se disputaban retazos de poder.

El paquete podría entenderse como un "sinceramiento de la economía" o como el primer paso de un darwinismo social que facilitaría la concentración económica. En favor de la primera posición, debe reconocerse que entre 1973 y 1975 la realidad fue ocultada o negada sistemáticamente por el gobierno. El "Rodrigazo" corrió el velo, lo que no justificaba que todo el peso del ajuste cayera sobre los sectores de menores ingresos.

La devaluación, solicitada reiteradamente como ya se ha dicho por distintos sectores de la producción, superó las expectativas de los propios interesados. Esa misma noche se sabía que el drástico shock aplicado al sector público tendría su contrapartida en el sector privado a través de un abrupto incremento de las mercaderías. Las organizaciones sindicales enfurecidas organizaron marchas callejeras, paros, huelgas, hasta que lograron "arrancar" al gobierno –en última instancia el movimiento obrero era su base electoral– un aumento del 140%.

Se repetía un ciclo histórico, un mecanismo en espiral que se agrava con cada repetición: el alza vertiginosa de

---

preferente de financiación de estas operaciones crecía al 150%. En el caso de las exportaciones no tradicionales, los aumentos para la rama automotriz y del tractor fueron superiores al 80% mientras los restantes regímenes promocionales se ubicaron algo debajo de ellos".

precios producto de una devaluación ortodoxa motoriza la inflación cambiaria y de costos que, frente a los salarios nominales frenados, genera la caída de los salarios reales. El ingreso que pierden los asalariados pasa al sector rural y al sector exportador. La retracción de la demanda por la disminución del poder adquisitivo achica la rentabilidad empresaria e incrementa sus gastos fijos. La disminución de la rentabilidad, junto a una mayor capacidad productiva ociosa y las expectativas inciertas del sector privado inhiben las inversiones, y derivan en conjunto en un nuevo ciclo recesivo.

Estos planes de shock ya se habían puesto en práctica en el pasado, aunque siempre bajo regímenes militares[28]. El "Rodrigazo" combinó el ajuste más violento de la historia argentina con un régimen democrático.

En una semana apenas, la Argentina entró en una pronunciada inflación de costos superpuesta a la inflación de demanda, desembocando en eso que los teóricos de la economía llaman "inflación estructural", aquella que es inseparable de una economía que no encuentra el punto de equilibrio. La recesión derivada de la inflación generó otro esquema que los expertos denominan "estanflación", estancamiento con inflación. Dos semanas después del "Rodrigazo" la CGE todavía no se había pronunciado, signo claro de su fractura interna y la falta de representatividad

---

28 Luego del derrocamiento de Frondizi se implementó una línea monetarista ortodoxa en su versión extrema bajo la conducción de Federico Pinedo, Álvaro Alsogaray, Roberto T. Alemann y José A. Martínez de Hoz –en su primer paso por el Ministerio de Hacienda–. Con el golpe militar de Juan Carlos Onganía, el plan de Krieger Vasena arrancó con una devaluación del 40%. Con algunos matices respecto de los beneficiarios, en ambos casos la burguesía transnacional se benefició en desmedro de las clases populares.

de sus dirigentes. Asistieron incluso como meros espectadores al debate salarial que concluyó el 20 de junio con la firma de los convenios líderes. A falta de la CGE, tuvo como principales protagonistas al Palacio de Hacienda, la CGT y las 62 Organizaciones acaudilladas por Lorenzo Miguel, heredero del asesinado Augusto Vándor en la conducción de la Unión Obrera Metalúrgica, el sindicato más poderoso del país.

Entre el 17 y el 21 de junio, Ricardo Zinn exigió al máximo la maquinaria técnica del Ministerio para conformar el perfil definitivo del Plan Rodrigo. El ministro y su segundo tenían que rendir cuentas ante un Parlamento receloso, y precisar públicamente las metas del programa. En oposición frontal, la dirigencia obrera ya había roto todo diálogo con el Ministerio de Economía, presionada por las bases que pedían, sin vueltas, la cabeza de Rodrigo.

El 28 de junio Isabel Perón habló al país. Sus palabras fueron una cachetada a la conducción sindical. Invalidó el resultado de las convenciones paritarias y anunció a cambio retoques salariales menores. La viuda del general dijo que la producción había caído, que la especulación parecía no tener límites, que se gastaban sumas ingentes en actividades sin provecho y agregó: "La única solución posible es mantener una justa austeridad y producir al máximo posible, tal como si estuviéramos en una economía de guerra[29]." Después de ese seguro discurso que en los hechos mostraba delibilidad, la dirigencia cegetista convocó, por primera vez en toda la historia del peronismo, a una huelga general de 48 horas para el 7 de julio, con concentración en Plaza de Mayo.

---

29 Otra figura retórica que utilizaría más adelante el presidente Raúl Alfonsín.

Algunas postales del desquicio:

La Secretaría de Comercio emitió entre 1973 y 1975 unas 13.296 resoluciones. Muchas se derogaban entre sí, casi todas se contradecían. Para el control de las mismas se contaba con 80 inspectores, nada comparado con los 9.000 que supuestamente fiscalizaban el impuesto a las ganancias, cuya evasión era del 60%.

La recaudación de algunas provincias no alcanzaba ni para cubrir las erogaciones salariales –recurrían, como hoy, a los misteriosos ATN–. La balanza comercial arrojó un déficit, en el período Junio de 1974 a Mayo de 1975, de 544 millones de dólares.

Mientras los obreros fueron abandonando las herramientas, los empresarios se preguntaban cómo pagar los sueldos y las quincenas. Había inactividad en casi todas las áreas productivas: metalúrgica, textil, papelera, plástico, automotriz. Los automóviles nuevos, los 0 km, podían entregarse sin puertas o sin parabrisas.

Entre julio y agosto de 1975 se produjeron 9.000 despidos sólo en la capital de la provincia de Córdoba, casi todos trabajadores en pequeñas industrias o establecimientos comerciales. Lo mismo ocurría en todas provincias, además de suspensiones y atrasos en los pagos. El gobierno, irritado, acusó a los empresarios de "guerrilleros", un apelativo temible por aquellos días de gatillo fácil.

Tras la intensa y agresiva presión sindical y popular Rodrigo y Zinn elevaron sus renuncias el 21 de julio, no sin antes intentar unos retoques a su plan y una nueva devaluación de entre el 7 y el 22%. El tercer ministro de Economía del gobierno justicialista había durado 48 días.

Junto con Rodrigo renunció todo el gabinete. López Rega salió corriendo desde Ezeiza con un diploma de embajador itinerante bajo el brazo, e Isabel quedó desolada, en medio de su ineptitud y sus ataques de nervios. Raúl Lastiri, yerno de López Rega, se alejó también de la presidencia de la Honorable Cámara de Diputados.

El nuevo gabinete pidió al regimento de Granaderos que desalojara a los guardespaldas de López Rega que aún habitaban la quinta presidencial de Olivos.

Un año después, la Alianza Anticomunista Argentina fundada por "el Brujo" (AAA) se integraba a las fuerzas de seguridad y a los grupos de tareas que secuestraban militantes.

Si exiguo fue el paso de Rodrigo, efímero debe ser considerado el interregno de Pedro Bonanni, "peronista de la primera hora" como Gómez Morales. Había sido presidente de la Caja Nacional de Ahorro Postal –comenzó como cadete–, y reemplazante de Ramón Cereijo en la Secretaría de Hacienda en 1952. Como primera medida Bonanni intentó dialogar con la CGT, que por cuerda separada había remitido al gobierno un plan económico a su medida, envalentonada por su victoria política sobre López Rega. Luego de un inicial encuentro donde Bonanni reconoció las "profundas reflexiones y serias pautas de gobierno que de ahora en más el equipo económico se abocará a estudiar", la CGT devolvió el saludo con un "retorno de la línea histórica del Justicialismo"[30]. Al primer cambio serio de opiniones, que giró en torno a un seguro de desempleo, el ministro se fue como había llegado, silenciosamente, sin aspavientos, sin dilaciones. Duró 21 días.

Anunciada a los cuatro vientos la inutilidad de la dirigencia política, palmario el temor de los empresarios

---

30 Daniel Muchnik, Op. Cit., pp. 188 y 189.

–incertidumbre más secuestros–, los militares volverían a ser los depositarios de la fe de los timoratos.

La democracia no era un bien valorado por la sociedad argentina como lo es hoy. Tal vez, y entre otras cosas, porque hasta mediados de los '80 democracia significaba discutir un modelo económico con actores poderosos que "empataban", haciendo que el país perdiera.

El 24 de marzo de 1976 se inició la etapa más negra de la historia argentina de este siglo. Pese a lo gravoso que resultó para el pueblo de esta Nación, la dictadura tendría sus grandes beneficiarios.

Capítulo IV

Aquel proceso sin retorno

Convocado por su viejo compañero y en ese tiempo ministro de Relaciones Exteriores, Ángel Federico Robledo, y por su nuevo amigo el coronel Vicente Damasco, Antonio Cafiero regresó de su apacible y flamante destino diplomático en la Comunidad Económica Europea para hacerse cargo del Ministerio de Economía. Le habían propuesto el cargo luego de la intempestiva salida de Gelbard, pero él lo rechazó desde su gobernación mendocina, aquella desde la que –según la mitología popular– "se trajo un piano de recuerdo". Cafiero, el más joven de los economistas históricos del peronismo, había sido secretario de Comercio entre 1952 y 1955 –en la primera administración de Alfredo Gómez Morales– y responsable del IAPI, instituto que fijaba cupos de importación y de exportación y precios. Era, indudablemente, un técnico y coincidentemente un político –dos condiciones que desplegaba con habilidad y seducción–, contaba con la confianza de las 62 Organizaciones –había sido asesor de la CGT– y el hecho de que lo secundara Guido Di Tella era una señal para que los representantes del empresariado no se alarmaran todavía más[1].

El padre de Guido, Torcuato, un emprendedor italiano de formación socialista, había consolidado con asombroso empeño un grupo metal-mecánico líder en América Latina. SIAM, luego de haber entrado en crisis durante los años '60, estaba exhausta y endeudada y muchos de sus ejecutivos lo atribuían al gris, opacado y carente de energía gerenciamiento de Guido, un advenedizo del peronismo[2].

La asunción de Cafiero estuvo rodeada de un entusiasmo que no sólo era exagerado sino que finalizó conspirando contra su propia gestión. Si bien Cafiero aceptó el desafío, retrospectivamente declararía que la suerte del ensayo "nacional y popular" estaba echada[3]. Ya no tenía chances.

---

1 Guido, que compartía su vida académica en Inglaterra con contactos políticos en Europa, se mantuvo por décadas en las lides peronistas. Incluso pasó un mal momento con el golpe de Estado de 1976, cuando José A. Martínez de Hoz lo salvó de las garras de algunos grupos militares que lo habían secuestrado y destruido su vivienda. Recientemente se desempeñó, de la mano de Carlos Menem, como ministro de Relaciones Exteriores y fue uno de sus mayores, más íntimos y consecuentes colaboradores. Desde la Cancillería pregonó aquella imagen de sodomización y sometimiento. Haciendo suya una imagen del politólogo Carlos Escudé, Di Tella sostenía que la Argentina debía mantener "relaciones carnales" con los Estados Unidos para borrar así décadas de aislamiento y rechazo a la gran potencia del Norte.

2 Torcuato Di Tella, el pionero, apenas consolidó las industrias SIAM compró un campo de tres mil hectáreas, pasaporte indispensable para acceder al Jockey Club, reducto de la "nobleza" porteña. Esto es una viva señal de que ser industrial en la Argentina no aseguraba –ni asegura– prestigio social. De más está agregar que el campo era improductivo (De una entrevista con Rogelio García Lupo).

3 Antonio Cafiero, *Desde que grité ¡Viva Perón!*, Buenos Aires, Ed. Pequén, 1983, pp. 115 a 125: "La situación, le repito, sobre todo

El gabinete se completó con un sindicalista: Carlos Ruckauf, abogado estrechamente vinculado con las 62 Organizaciones, fue designado ministro de Trabajo. El siempre sonriente Ruckauf –en aquellos turbios y sangrientos días de asesinatos por derecha y por izquierda, de ausencia de ejercicio del poder político y de un angustiante vació de alternativas en el corto y mediano plazo– sucedió a Ricardo Otero[4].

Eran días de constantes reclamos obreros. Los mandos militares no ocultaban su preocupación por lo que consideraban "desorden productivo". Una foto tomada en 1975 revela una "visita" del general Jorge R. Videla al ministro de Trabajo, Carlos Ruckauf. En un reciente trabajo de investigación, el periodista Hernán López Echagüe advierte que no fue un encuentro para hablar vanalidades. "Los paros y las huelgas lo sacan de quicio", sugiere López Echagüe. Durante la reunión se estipularon los ejes de un proyecto de ley para reprimir las "huelgas salvajes" con cesantías o exoneraciones. López Echagüe también recuerda que Ruckauf dijo por el canal 11 de televisión: "La guerrilla de fábrica se debe a los sectores empresarios que tomaron militantes de ultraizquierda

---

vista desde afuera, no pintaba nada bien. Por supuesto que todo era magnificado desde adentro por los que ya estaban preparando el golpe y por ciertos círculos internacionales que siempre fueron enemigos irreconciliables del peronismo... La decisión de derrocar al gobierno no dependía de lo que hiciécemos o dejáramos de hacer, era sólo cuestión de tiempo y oportunidad".

4 Ruckauf, como otros, retornó al poder en los años '90. Fue legislador, luego vicepresidente en el segundo mandato de Carlos Menem y ahora gobernador de la provincia de Buenos Aires con aspiraciones a sentarse en el sillón de Rivadavia. Constantemente pretende despegarse de su anterior asociación.

para romper las conducciones sindicales peronistas. El problema vital es acabar con la subversión[5]".

Ambos ministros trabajaron combinadamente, se entendieron bien ofreciendo un frente común a los numerosos adversarios del gobierno entre los cuales no era uno menor el denominado neolopezrreguismo, enquistado en el entorno, inclusive en las entrañas del gobierno[6].

Cafiero implementó un plan de emergencia que buscaba desesperadamente conjurar el déficit fiscal, la inflación, y equilibrar la balanza de pagos. Ratificó la estrategia de concertación y encaró negociaciones con el FMI a toda marcha, previa superación de la primera crisis militar y la asunción de Jorge R.Videla como comandante en jefe del Ejército[7].

Continuó con las minidevaluaciones periódicas –11 directas y otras tantas indirectas–, prometió controlar los costos de las industrias líderes y salir a la conquista de

---

5 Diario *Página 12*, 3 de diciembre de 2000, citando el libro *El hombre que ríe* de Hernán López Echagüe.

6 Pablo Kandel y Mario Monteverde, *Entorno y caída*, Buenos Aires, Planeta, 1976, pp. 96 y ss.

7 El enfrentamiento fue el foco de la disputa entre los militares que representaban el "profesionalismo prescindente" y aquellos que adherían al "profesionalismo integrado". El detonante fue el pedido del Ejército para que el Coronel Damasco, militante del "profesionalismo integrado", activo miembro del gabinete de Isabel Perón como ministro del Interior renunciara, para que las Fuerzas Armadas "se mantuvieran al margen del caos generalizado del peronismo"–. Isabel Perón intentó resistir este mandato militar y conservar a Damasco, asesorada por Lorenzo Miguel y el ministro Carlos Emery. Cafiero y Casildo Herreras, expectantes por los movimientos cuarteleros y en tren de moderación, convencieron a la presidente de que nombrara a Jorge R. Videla, miembro del "profesionalismo prescindente", como máxima autoridad del Ejército. Con los meses Videla pasaría de "prescindente" a la suma del poder público.

nuevos mercados para las exportaciones locales. Dispuso la reactivación de obras públicas y la creación de líneas crediticias para que los empresarios pudieran afrontar los incrementos salariales que él mismo autorizó. Para dialogar con el Fondo Monetario, Cafiero viajó a Washington acompañado por Casildo Herreras, secretario general de la CGT, y por el empresario cordobés Carlos Coquignot, representante de la CGE. En la capital de los Estados Unidos obtuvo un préstamo compensatorio de 128 millones de dólares por caída de exportaciones, 90 millones por "facilidades petroleras" y 392 millones de dólares en créditos gestionados en la banca privada. Aparentemente, a los financistas privados no les interesaba imponer gravosas condiciones de política económica interna. Sólo les inquietaba la estabilidad institucional del país, y las perspectivas de continuidad del sistema político. Cafiero sumó a un representante de las Fuerzas Armadas en su viaje a Washington como garante de esa seguridad institucional. De todas maneras nadie se engañaba en los círculos poderosos del dinero y las inversiones. Los popes norteamericanos daban escasa chance al futuro del peronismo[8].

A su regreso de aquella gira Cafiero enfatizó que no había gestionado ningún stand by. Meses después, su sucesor Emilio Mondelli lo contradijo públicamente. En el Parlamento –tal como lo registra la crónica de todos los periódicos de ese día–, el 17 de marzo de 1976 Mondelli,

---

8 El banco más renuente fue el Citibank, en tanto que el Chase recordó la mora de casi dos años en el pago por la nacionalización del Banco Argentino de Comercio. El Citibank, con el tiempo, se convertirá también en árbitro de los destinos políticos del gobierno de Raúl Alfonsín. En 1989, sin remordimientos, bajó el pulgar a la administración radical como respuesta a la resistencia del gobierno argentino a los dictados de los acreedores.

tal vez acorralado y desesperado, confesó que Cafiero había rubricado una Carta de Intención por la cual se seguirían políticas crediticias restrictivas, reformas impositivas y ajustes en los tipos de cambio. Una acusación grave la del solitario Mondelli, sobre la cual nadie volvió a hablar desde entonces, y por varios años[9]. Fiel a las ideas justicialistas pero con un estrecho margen de maniobra, Cafiero aumentó considerablemente las asignaciones familiares y suscribió el Acta de Compromiso Social Dinámico negociada con empresarios y sindicalistas, que establecía el ya trillado congelamiento de las variables económicas.

---

9 En un trabajo editado por su cuenta veinte años después de aquella experiencia traumática, Antonio Cafiero escribió que aquellos créditos de 1975 "No involucraron compromiso alguno por parte del gobierno argentino en orden a su política económica o financiera interna. Es por lo tanto falso que hubiesen sido condicionados a reformas del régimen tributario interno o de las tarifas energéticas, o alguna otra condición que no hubiese sido expresamente prevista en el 'Plan de Coyuntura' 1975/76 que el Ministerio de Economía hizo conocer al país el 3 de octubre de 1975". Queda un detalle que Cafiero considera significativo: "Salvo que se interprete como tal la carta dirigida al FMI por (el secretario de Programación) Guido Di Tella, en la que se manifiesta la decisión de la Argentina de mantener un 'tipo de cambio realista', lo cual, obviamente, formaba parte expresa de nuestro plan ..." En el mismo testimonio Cafiero recuerda una entrevista con Johannes Witteveen, entonces presidente del Fondo Monetario, el 5 de septiembre de 1975. En ella se opuso "terminantemente" al envío de una inspección del FMI como condición para acceder a los créditos. Cafiero consideraba que "tal misión era improcedente". Antonio Cafiero, *Apuntes*, Buenos Aires, 1995, edición del autor.

El Plan de Estabilización derivado de los primeros stand-by fue presentado en 1959 por el gobierno de Arturo Frondizi, como condición necesaria para la obtención de otros recursos del exterior. En 1962, el nuevo plan tuvo objetivos semejantes, pero la decisión gubernamental fue dejar librado a las fuerzas del mercado el eventual ingreso de corrientes inversoras. En aquellos planes de 1959 y 1962 las

Pero a poco de andar se concedió un aumento de salarios que dio por tierra con el acuerdo. Con inaudita capacidad de veto, la CGT seguía golpeando la mesa e imponiendo sus criterios. Vigilaba al poder y exigía la recomposición de un salario en descomposición permanente. En diciembre de 1975 había caído 20% respecto del nivel de agosto de ese mismo año y la desocupación volvía a merodear el 10%.

En agosto de 1975 la gran burguesía liberal se agrupó, forzada por la desesperación, en la Asamblea Permanente de Entidades Gremiales Empresarias (APEGE). Bajo su techo se albergaron liberales de la ex UIA, representantes del desarrollismo, de la Cámara de Comercio y de la Sociedad Rural Argentina, para hacer frente a los "despojos" dejados por la CGE –"esa pandilla de delincuentes", según la APEGE–, a la "prepotencia sindical", y a "la impotencia estatal", imprecaron. Cafiero deambulaba por un laberinto que sólo ofrecía dos escapes: o ajustaba vía salarios o vía

---

medidas adoptadas fueron las siguientes: congelamiento de los gastos del Estado y aumento de los ingresos fiscales para reducir el déficit y sus consecuencias inflacionarias; devaluación del peso, a fin de estimular las exportaciones y achicar las importaciones; disposiciones monetarias restrictivas; congelamiento de salarios nominales.

El stand-by era un juego significativamente diabólico donde lo que ahogaba a los suscriptores era justamente el cumplimiento de las condiciones. Marcelo Diamand advierte en *Doctrinas económicas, desarrollo e independencia*: "En lugar de llamarse estabilizadores, los planes deberían denominarse inflacionarios, tendientes a detener la espiral en el punto recesivo. Desde el punto de vista de la distribución inicial transfiere recursos al agro y coincide con los intereses del sector intermediario financiero. Los planes de estabilización no resuelven los problemas estructurales del país". Fueron ineficientes para resolver las trabas a la productividad y permitieron que la inflación siguiera su curso ascendente.

sector externo. El primer caso era políticamente inviable –aunque de hecho se produjo, pese a los obreros y a la CGT– y el segundo también se implementó por medio de los pases o swaps. Lo bueno de los swaps –que ya Gómez Morales había utilizado– era que la obtención de ese capital "golondrina" no requería condiciones especiales, como sucedía con los pedidos de stand by[10]. Es decir que se preservaba la independencia económica, tan cara a la tradición ortodoxa del peronismo y además evitaban otro ajuste recesivo[11]. Sin embargo sólo los grupos económicos más poderosos estaban en condiciones de efectuar las operaciones de pase, por lo que de todos modos se perjudicaba a la pequeña y mediana empresa. Trajeron consigo una explosión monetaria que realimentó la inflación, y

---

10 Swaps –o pases– es una expresión inglesa que significa canje o permuta y se usa en situaciones de estrangulamiento en el sector externo. A través de ellos se consiguen divisas en pocas horas a altas tasas de interés y a corto plazo –180 días–. Cabe la posibilidad de renovarlos y, en los hechos, el Banco Central solicitaba a las compañías tomadoras el compromiso de continuar emprendiéndolos por dos o tres semestres. Tradicionalmente, los swaps se usaron con frecuencia en países dependientes, donde reina la inflación, la iliquidez y la falta de divisas. Este tipo de transacciones, con vencimientos cortos y altas tasas de interés tenían como tomadores en 1975 a grandes empresas, nacionales o extranjeras, con suficiente envergadura y prestigio como para negociar directamente con acreedores de otras plazas.

11 Veinticuatro años después de estos sucesos, el economista norteamericano Jeffrey Sachs, una figura de predicamento internacional, cuestionó con severidad, en medio de la crisis del Asia-Pacífico, la función, el rigor y la ideología del Fondo Monetario Internacional. Escribe Sachs: "El FMI argumenta que es una organización gobernada conjuntamente por países desarrollados y subdesarrollados. Pero su dirección ejecutiva, que representa a los ministerios de Finanzas de los 182 países miembros, es, en gran medida, un sello del Tesoro de los Estados Unidos, de los ministerios de Finanzas de los principales países de Europa, del Japón y del mismo FMI. La máscara de infalibilidad

facilitaron la fuga de capitales –como si se tratara de un pequeño ensayo de lo que ocurriría en el futuro–, lo que nuevamente afectó a los actores más débiles de la economía[12].

Cafiero optó por "acompañar la inflación", sin tomar en cuenta que a mediano y largo plazo la inflación desbordada corroe todo el sistema económico. En los primeros nueve meses de 1975 la inversión bruta fija disminuyó el 10%. La inversión en la construcción mermó un 3,3% y en la de bienes durables el 16,4%. Los indicadores mostraban que los efectos del "Rodrigazo" no habían concluido aún. Desde Junio se sucedían las devaluaciones y los aumentos de tarifas de los servicios públicos. La inflación anual trepó al 300% y el salario real cayó a su nivel más bajo de los últimos quince años. El "ministro que administra

---

del FMI oculta un registro de mediocridad puntuado por algunos errores garrafales muy costosos. Por supuesto, esos errores casi nunca salen a la luz. Cuando algo sale mal en el programa del FMI para un país, es bastante fácil culpar al gobierno de ese país por no haber acatado las secretas palabras de sabiduría del FMI... El FMI no comprendió realmente la crisis mexicana (por el tequila de diciembre de 1994) y la trató de modo incorrecto, como un caso típico de gobierno corrupto en lugar de como una crisis en el mercado privado de capitales. El FMI impuso una cantidad de restricciones monetarias y fiscales que se sumaron innecesariamente a los efectos del pánico de los acreedores... Es hora de que obliguemos al FMI a responsabilizarse de sus actos, sus fallidos pronósticos y los detalles del "asesoramiento" que impone al mundo subdesarrollado". Cfr. Diario *Clarín*, Suplemento Económico, 1 de febrero de 1998, p.16.

12 Antonio Cafiero, *Apuntes sobre la política económica del gobierno peronista (1973-1976)*, Buenos Aires,1994, edición del autor, p. 54: "De cualquier manera queda claro que a pesar de la onerosidad y de las críticas de que ha sido objeto, la atracción de las operaciones de pase, durante el período crítico que venimos analizando, fue un recurso obligado y de emergencia –ya utilizado en ocasiones anteriores y posteriores por las autoridades monetarias– que contribuyó eficazmente a sortear un lapso muy agudo de dificultades externas."

una crisis", tal como se autocalificara en forma sombría Antonio Cafiero, no hacía más que apagar incendios con vasos de agua.

La indexación de la economía tampoco sirvió para mejorar las expectativas de los agentes económicos pero sí para alimentar la especulación financiera, como otro anticipo embrionario del furor que se desataría más tarde durante el reinado de Martínez de Hoz, fenómeno que sería gráficamente bautizado como "bicicleta financiera". La suma de desajustes agudizó la crisis deficitaria del Estado. Los aportes del Tesoro crecieron el 335%. Las provincias y las empresas del Estado absorbieron el 72% del déficit del Tesoro correspondientes a los primeros nueve meses de 1975. El 28% restante se destinó a emparejar el desequilibrio de la Administración Central.

El gobierno era nulo. Isabel Perón se enfermaba con asiduidad, cercada por denuncias periodísticas sobre el destino incierto de 3.100 millones de pesos girados en un cheque con la firma de la señora presidente sobre la cuenta de de la Cruzada de la Solidaridad[13]. Alegando razones de salud, el 13 de septiembre Isabel delegó el mando por un mes en Ítalo Luder, presidente del Senado, un político de carácter circunspecto, abogado "histórico" de la provincia de Santa Fe, cuya única acción de gobierno fue la firma del decreto que creaba el Consejo de Defensa Nacional, el famoso documento que propone "aniquilamiento" como medida para terminar con la subversión –en realidad debería decir terrorismo– y bajo el cual intentó ampararse la tortura y los asesinatos perpetrados por los represores durante la dictadura. Luder sería el candidato derrotado

13 Por ejemplo, diario *La Prensa*, 14 de agosto de 1975.

del peronismo en la elección que posibilitó el regreso a la democracia en 1983. Dentro del gabinete las pugnas no podían disimularse. Los rumores afirmaban que Julio González, secretario privado de Isabel Perón, enfrentado con algunos ministros, planeaba un "autogolpe de Estado en nombre del verticalismo isabelista"[14]. Cafiero ha sostenido en diálogos públicos posteriores que Isabel Perón no caminaba en la niebla, que no era ni sorda ni muda: "Era perfectamente consciente de los peligros que amenazaban la estabilidad del gobierno[15]."

La escalada ascendente que registró el dólar paralelo en octubre de 1975 no tenía precedentes. El 7 de ese mes la cotización cerró en 14.800 pesos viejos. Una semana atrás no superaba los 12.000. El especulador que había comprado, por ejemplo, 1.000 dólares a comienzos del mes anterior por 7.800.000 pesos viejos, el 7 de octubre los hubiera vendido por 14.400.000. Concretaba una ganancia neta del 86% sin invertir capital, sin pagar jornales, sin gastos operativos, sin esfuerzo alguno. Los argentinos tenían prohibida la tenencia de divisas, pero las operaciones se realizaban igual. Todas las transacciones con el exterior –comerciales, financieras, turísticas– debían canalizarse obligatoriamente por el Banco Central que admitía

---

14 El "verticalismo isabelista" fue bautizado como "el entorno" por Casildo Herreras, el capitán de la CGT. Enrique de Vedia, responsable del Partido Popular Cristiano –que formaba parte del FREJULI triunfante en 1973– denunció a los periodistas el 28 de enero de 1976: "La presidenta está rodeada de un círculo aúlico que nadie eligió, como Julio González o quienes pululan alrededor de él, divorciados de la realidad del país". Ofuscada con esas apreciaciones, Isabel respondió poco tiempo después, en la sede de la CGT: "¡A mí no me entorna nadie! ¡Ni el propio Perón me pudo entornar en 18 años!".

15 Cfr. también Antonio Cafiero, Op.Cit.

una cotización máxima de 6.670 pesos por dólar para el tipo de cambio especial. En definitiva, el tipo paralelo se ubicaba 121% por encima del tipo de cambio oficial más alto, así que o bien se intentaba operar en negro, o bien se recurría a maniobras de subfacturación –de exportaciones– o de sobrefacturación –de importaciones–. A pesar de que el dólar paralelo operaba restringidamente en el mercado interno –entre 1 y 2 millones de dólares diarios–, de todos modos empujaba la devaluación de la moneda porque el Banco Central no contaba con divisas para regular la cotización volcando dólares al mercado. Hacia fines del '75 el Estado era un juguete pasivo de la especulación.

La desconfianza de todos los sectores de la sociedad en la capacidad oficial para manejar los asuntos económicos y políticos es un factor decisivo para comprender la importancia creciente del mercado paralelo. Pero los entendidos sugerían la existencia de cinco o de seis operadores "pesados" que disponían de un significativo caudal de liquidez que encontraba en la ilegalidad un margen apreciable de rentabilidad, y que incidían en el mercado con una contundencia metódica. Sin embargo el gobierno no atinaba a controlarlos. Seguramente no sabía cómo hacerlo, o prefería cerrar los ojos.

En el plano de las corporaciones las cosas no iban mejor. La APEGE, que ya había tomado posición en su seno y apostado a un cambio brusco de gobierno, decidió, en diciembre de 1975, enfrentarse con los sindicatos negándose a cumplir el pago de los aumentos salariales y de las cargas adicionales. En una solicitada en la que instaba a que todos los empresarios se decidieran a "definirse y actuar", la APEGE se pronunció contra el "desmedido avance sindical", "la injusticia, la arbitrariedad, el desorden y la corrupción", y proponía una "contraofensiva" contra el ataque a "la propiedad, la iniciativa y la empresa privada que están sucumbiendo"[16]. Los lockout[17] y las amenazas de repetirlos se sucedieron, en medio de secuestros extorsivos y asesinatos perpetrados por la guerrilla urbana. Algunos periodistas comenzaron a sugerir paralelismos entre la situación del país y los "hechos que en Chile culminaron con el derrocamiento de Salvador Allende". La débil CGE, que continuaba presidida por Julio Bronner –hasta el 8 de marzo de 1976, a las puertas del golpe de Estado– no podía apoyar las protestas empresarias, pero tampoco condenarlas, a costa de perder a muchos de sus asociados y dirigentes, como finalmente ocurrió.

El 3 de febrero de 1976 Antonio Cafiero se alejó del gobierno, mientras el dólar negro subía al ritmo de la temperatura del verano. Partió menos altivo que cuando había llegado. Su alejamiento fue, para algunos autores, producto de una campaña de acoso del entorno de Isabel Perón[18]. Cafiero habría sido víctima de un "apriete", mezcla de celos y venganzas personales. Mientras el increíble Julio González, el acólito de Isabel tras la fuga de López Rega, le obstruía desde la presidencia todos los informes, leyes y decretos que resultaban necesarios para su gestión,

---

16 Los tres aspectos fundamentales que se mencionaban en la solicitada o que se estimaban "enervantes"(SIC), se referían a un aporte compulsivo sobre los fletes de carga por camión, a la intervención estatal declarada en la empresa Hilanderías Olmos y el incremento del 80% en los aportes empresarios al Instituto Nacional de Obras Sociales (INOS).

17 El problema principal era el aporte compulsivo que los empresarios del transporte debían hacer al gremio de los conductores. La posición de los patrones fue irreductible.

18 Pablo Kandel y Mario Monteverde, Op.Cit., pp. 137 y ss.

se publicitaba la noticia de un escándalo en la bodega estatal mendocina Giol, en la época en que Cafiero había sido interventor en esa provincia[19]. Jugaban otros factores para que Cafiero se sintiera incómodo. Los hombres de la APEGE, en una reunión concretada el 28 de enero en la Bolsa de Cereales, beligerantes como nunca, le habían puesto fecha al lockout con el que venían amenazando. El 2 de febrero la CGE no se quedó atrás: los empresarios de la confederación desbordaron a Julio Bronner, exigieron resistencia al pago de impuestos y planearon apagones y cierre de negocios.

La renuncia de Cafiero conmocionó a la CGT y a la CGE donde Cafiero seguía teniendo interlocutores. Veinticuatro horas después el sillón ministerial fue ocupado por Emilio Mondelli, quien lideraba el directorio del Banco Central desde el interregno de Bonanni. Apreciado y considerado un "liberal" por los banqueros locales –aunque en sus mocedades había militado en FORJA– la agrupación radical-nacionalista que construyeran Arturo Jauretche y Raúl Scalabrini Ortiz–, hombre de modales campechanos, debió lidiar en una devastadora soledad pues nadie aceptaba puestos de responsabilidad en su Ministerio. El 10 de febrero de 1976 Mondelli se sinceró, de manera poco habitual, con los miembros de la Comisión de Presupuesto y Hacienda de la Cámara de Diputados. Además de señalar la alarmante desproporción entre los ingresos y los gastos fiscales, dijo "Tenemos una ley de inversiones extranjeras que nos ha resguardado sin ninguna duda de todo imperialismo y de toda invasión extraña. Ahora,

19 Secundado, entre otros, por Jorge Domínguez, con posterioridad intendente de la ciudad de Buenos Aires y ministro de Defensa en el segundo período del menemato.

eso sí: inversión no hay ninguna, nos hemos resguardado suprimiéndolas". Al referirse al sector externo, reflexionaba desconsolado: "Sin que yo diga que los argentinos somos los que tenemos la culpa de lo que pasa, sin buscar culpas ni hacer imputaciones, reconozcamos que no viene todo de una actitud del exterior. Estos hechos argentinos han destruido el crédito: ¡Ya no nos creen más!, ¡No nos creen más!". Luego agregaba, "No damos más fluidez a las importaciones porque la verdad es que no tenemos con qué pagarlas. No se trata de ninguna política. No se trata de ningún propósito restrictivo". Para cerrar su perspectiva crítica aceptó que "La apertura iniciada por Gelbard partió de la concesión de generosos créditos de Argentina a las naciones compradoras. Pero las letras entregadas por Cuba y la Europa comunista son difíciles de descontar en la banca internacional"[20].

Las palabras de Mondelli fueron pronunciadas en un contexto inflacionario según el cual los precios mayoristas habían trepado un 403% entre febrero de 1975 y febrero de 1976. Si se mantenía ese ritmo de crecimiento, la tasa de inflación alcanzaría rápidamente el 600%. Y fue lo que ocurrió. Esa cifra fue uno de los grandes justificativos del golpe de Estado de 1976.

La salida militar ya había sido decidida a comienzos de 1975. El propio José Alfredo Martínez de Hoz reconocería que su Plan fue elaborado por un equipo de especialistas –capitaneados por Horacio García Belsunce– a pedido de la APEGE, un año antes del golpe. Militares y civiles empeñados en derrumbar al populismo –en medio de un extendido

20 La deuda por los incobrables de aquellas ventas de Gelbard se mantuvo a lo largo de tres lustros.

silencio de la dirigencia política argentina y extranjera– esperaron que la descomposición económica y política llegara al paroxismo.

La inflacion desbocada tenía antecedentes oscuros y peligrosos en el siglo XX. El disloque alemán, un caso patético y para nada lejano, tuvo lugar en octubre de 1923, después de la Primera Guerra, en medio de las gravosas reparaciones que el tratado de Versailles impuso al Imperio derrotado. Allí, en treinta legendarios días, el costo de vida trepó al 24.280%. El desasosiego, la melancolía y la violencia contenida durante ese proceso preparó, entre otros factores, las condiciones para el ascenso y triunfo del fascismo[21].

La inflación argentina del 600% se realimentaba por la incontrolable emisión monetaria –para solventar el abrumador déficit fiscal–, la carrera entre precios y salarios, las maniobras de desabastecimiento, la caída de la productividad, el aumento del valor y la ausencia de insumos importados, la incredulidad de la población y la tendencia arraigada entre comerciantes y consumidores, de "cubrirse" ante el alocado incremento del costo de vida.

Otra vez, las opciones para Mondelli, como para los que lo precedieron, eran de hierro. Las arcas del Estado estaban cada vez más exhaustas en medio de un déficit estrepitoso, y el sistema de Previsión Social comenzaba a mostrar los síntomas de la ineficiencia y la expoliación[22].

---

21 Daniel Muchnik, *Negocios son negocios*. El capítulo V, "Europa" describe el desarrollo político-económico en la Europa de entreguerras de movimientos autoritarios o soluciones totalitarias. Si bien los casos son diferentes, lo que no varía es la acción de "pavor burgués" que se transforma en "terror social".

22 Paul Lewis, Op. Cit., p. 529: "Durante los años setenta se les concedió a muchos políticos y funcionarios públicos planes de jubilación

Además el país debía afrontar obligaciones de deuda externa por 2.700 millones de dólares. O bien el nuevo ministro optaba por el camino de la moratoria externa, nunca planteada por lo menos hasta ese momento –si se interrumpían los pagos habría que saldar las importaciones al contado–, o seducía a los funcionarios del Fondo Monetario para conseguir un suplemento de la "asistencia petrolera" que le correspondía al país –44,5 millones de dólares–, más la duplicación de la compensación de exportaciones –130 millones– y lograr la postergación del pago del primer tramo de deuda externa –otros 130 millones–. En medio de la precariedad política y económica, Mondelli no pudo hacer nada. Eduardo Zalduendo, enviado con urgencia a Washington, encontró todas las puertas cerradas. Los funcionarios le transmitieron a Zalduendo que los ministros de Economía anteriores no habían cumplido los compromisos firmados. Ya no podían seguir creyendo en nuevas promesas.

El 10 de marzo, desde el Salón de actos de la CGT, el país presenciaría una obra de grotesco patetismo. Por cadena nacional Isabel Perón buscó rescatar las banderas del Justicialismo. Lanzó una perorata recriminatoria. "Muchos que debieran estar sentados como responsables en el banquillo de los acusados por lo que está sucediendo,

---

en extremo generosos, que les permitieron cobrar todos los beneficios, sin tener que esperar hasta la edad mínima de 65 años, con sólo haber actuado unos años al servicio del Estado. Casi uno de cada cinco jubilados tenía menos de 60 años. Por otro lado, las cajas de jubilación siempre eran deficitarias, y de los dos sectores, el principal responsable era el sector público: en un estudio realizado por la Bolsa de Valores de Buenos Aires, se halló que su tasa de evasión era de alrededor del 60 por ciento, en comparación con sólo el 8 por ciento para el sector privado. La mayor parte de esa evasión de los aportes jubilatorios del sector público provenía de las fuerzas armadas y policiales".

descaradamente se han lanzado a proclamar nuestra quiebra como Nación, como gobierno, como pueblo, y como posibilidad de realización histórica". Isabel reflejaba su aislamiento. Apuntaba sus cañones contra los políticos, los militares y los dirigentes del partido que la señalaban como cifra de la impotencia, la frustración, la incapacidad para gobernar. Al finalizar, la presidente adoptó un aire maternal y comprensivo: "Yo sé que cuando hay que ajustarse el cinturón las caras se ponen tristes. Pero también les digo que no hay que perder el optimismo". Luego miró con ternura a Mondelli, fijó su mirada en el público y pidió: "Muchachos, no me lo silben mucho al pobre Mondelli...". Quedó, de aquella escena, un invalorable testimonio fotográfico. Lorenzo Miguel sonríe ante las palabras de Isabel, Casildo Herreras observa al ministro con aire displicente, un poco ausente y caritativo. Y Mondelli cierra los ojos, arruga la frente, se ruboriza, como pidiendo perdón a la historia. El telón cayó sin ruido el 24 de marzo de 1976, con las primeras horas del día.

El gobierno militar colocó a José A. Martínez de Hoz en el Ministerio de Economía, una figura prestigiosa en los círculos financieros y en los sectores que representan los intereses monopólicos de las empresas transnacionales. Abogado –graduado con medalla de oro en 1950–, funcionario de empresas –presidente de la siderúrgica ACINDAR– y académico de Derecho Agrario, este hijo de familia de alcurnia agroganadera ya había transitado por la función pública como ministro de Economía de la provincia de Salta en 1956. Luego ocupó la presidencia de la Junta Nacional de Granos en 1957 y 1958, y los cargos de secretario de Agricultura y Ganadería y ministro de Economía entre 1962 y 1963. Hombre terco de modales austeros, delgado, de contextura aparentemente frágil pero trabajador infatigable –cumplía jornadas de 18 horas–, Martínez de Hoz, quien había estudiado en la universidad inglesa de Cambridge en su juventud, y se había codeado con militantes social-cristianos, –estaba estrechamente vinculado a la Asociación Cristiana de Dirigentes de Empresas–, se destacaba como orador de gran verba y perseverancia en el discurso, con excelente dominio del inglés y contactos de primera línea en el mundo financiero internacional. Reunía todas las cualidades del representante ideal de la gran burguesía ante los ojos del mundo.

Cuando juró ya tenía un completo Plan de Acción debajo del brazo. Su discurso del 2 de abril de 1976 anunciaba el esquema económico del autodenominado Proceso de Reorganización Nacional (PRN), basado en políticas de ajuste de una magnitud desconocida hasta ese momento en el país. Había que dominar, según expresiones del gobierno, tres "incendios": inflación, deuda externa y recesión. Para conseguirlo Martínez de Hoz propuso racionalizar la administración pública, fomentar el libre mercado y el libre comercio, privatizar empresas del Estado y convertir al resto en sociedades autofinanciadas. Suprimió el control de precios y desreguló la actividad bancaria. Buscaba, a toda máquina, "revivir la libre empresa"[23].

Esta alternativa libremercadista se implementaría en un contexto internacional de excesiva liquidez generada por los descomunales aumentos del precio del petróleo en 1973. Pero dichos capitales no fueron absorbidos por los países desarrollados debido a la disminución en la tasa de inversión, el bajo crecimiento de las economías y la reducción de la demanda. La escasa demanda y el exceso de

23 Paul Lewis, Op. Cit., p. 528.

oferta de dinero llevó a la banca internacional a tender a los países en vías de desarrollo y en especial a América Latina, todo tipo de préstamos y en cantidad ilimitada[24].

En el diagnóstico, el criterio de Martínez de Hoz, alentado constantemente por el Consejo Empresario[25], no se diferenciaba del de Celestino Rodrigo, aunque el marco político de uno y otro difirieron, ya que el ministro de la dictadura se apoyó en el poder represivo del aparato militar.

Con el caos peronista como antecedente –su sola memoria producía pánico entre los actores de la economía–, la política neoliberal fue implacable. Se disolvieron la CGT, la CGE y se prohibió la actividad política.

Para conseguir los objetivos de política económica, Martínez de Hoz y su equipo –muchos de sus miembros habían pasado por la Universidad de Chicago, influida por Milton Friedman– utilizaron las herramientas mone-

---

24 El historiador y economista, Mario Rapoport señala que "La deuda contraída en esos años obedecía en parte a la competencia entre bancos internacionales por participar en el atractivo mercado que parecían ofrecer los países del Tercer Mundo, aprovechando, además, que la expansión de la liquidez internacional había debilitado la disciplina financiera ejercida tradicionalmente por el Fondo Monetario".

25 Pierre Ostiguy, *Los Capitanes de la industria*, Buenos Aires, Legasa, 1990. Este investigador canadiense –pp. 94 y ss.– confirma las buenas conexiones del Consejo Empresario con Krieger Vasena y con José A. Martínez de Hoz, por su posicionamiento ideológico al lado del liberalismo ortodoxo. También subraya las distancias que adoptó el grupo con los ministros de Economía de Alfonsín: "La pertenencia al Consejo Empresario es sumamente significativa, si uno lo compara a la pertenencia a otras instituciones patronales, visto su carácter restringido". Uno de sus exponentes históricos fue Federico Zorraquín –responsable del grupo Ipako– ferviente defensor del liberalismo vernáculo, pero con familiares admiradores de las fuerzas del Eje durante la Segunda Guerra Mundial. Zorraquín también formó parte, durante largos períodos, del directorio de Editorial Atlántida. En 1980, siendo

tarias y, en especial, la reforma financiera[26]. Por compromisos suscriptos con el Fondo Monetario Internacional y de acuerdo con el credo monetarista, Martínez de Hoz particularizó otra de sus batallas en la reducción del déficit fiscal[27]. Para dismunuir el gasto el ministro dispuso límites a los aportes y transferencias a los estados provinciales y a las empresas estatales. Esto obligó a las provincias y al sector público a apelar al mercado financiero en búsqueda de créditos. Esa cadena de endeudamiento involucró a toda la economía nacional y significó el acta de defunción de la obra pública.

---

titular de ADEBA por sus bancos Comercial del Norte y Español, visitó al presidente Videla. Al finalizar la entrevista respaldó abiertamente al poder militar y sugirió, en el futuro, la aplicación del 'voto calificado'. Ostiguy cita al periodista Ernesto Tiffenberg, quien en una nota publicada por la revista *El Porteño*, "Los empresarios de Alfonsín", en octubre de 1986, recordó que Zorraquín le había elevado a Videla una proposición de cambio institucional para la Argentina. Sugería "el reemplazo de la Constitución por un modelo de funcionamiento que limita el poder del Estado, inhabilita a los poderes constitucionales y garantiza la continuidad del gobierno de las Fuerzas Armadas". A Zorraquín no le fue bien en los negocios. Primero cayeron sus bancos, víctimas de estrategias elaboradas en el Banco Central, eje de una política que él habia abrazado a rajatabla. Después se disgregó su grupo industrial, obligándolo a un achicamiento vertiginoso.

26 Las características del nuevo mercado financiero –elevada liquidez, facilidad de entrada y salida de capitales, amplias conexiones con el exterior–, crearon, en los hechos, una barrera infranqueable para los pequeños y medianos industriales y productores.

27 Un asesor de Martínez de Hoz, el ingeniero Manuel Solanet, fue uno de los arquitectos de la reforma del Estado que el equipo liberal intentó plasmar. Pocos años después trasladó sus ideas y proyectos a la Fundación de Investigaciones Económicas Latinoamericanas (FIEL) respaldado por el Consejo Empresario. Desde FIEL, con un equipo de economistas muy homogéneo continuó elaborando políticas para el desmembramiento del Estado. En 2001 volvería a la carga con el nombramiento de Ricardo López Murphy como ministro de Economía.

Claro está que el recorte triunfal, inicial del déficit, más que por el lado de la disminución del gasto se logró con aumentos en las tarifas de los servicios de las empresas públicas y sobre todo con un alza pronunciada de la presión tributaria regresiva. Fue del 25% del producto bruto interno en 1976, la más alta en la historia económica de la Nación hasta ese momento. El criterio consistió en incrementar los gravámenes indirectos, aquellos que pesan en el consumo. A este respecto el secretario de Hacienda de Martínez de Hoz, Juan Alemann, declaró: "Si ponemos el acento en el impuesto a las ganancias, que es el de mayor evasión y más difícil control, nunca lograremos llevar la presión tributaria al nivel requerido. En cambio, con el IVA y otros impuestos a las transacciones sí lo alcanzaremos. La necesidad de recuperar y hasta superar la presión tributaria de 1967 y 1970 nos obliga a dejar de lado consideraciones excesivamente sofisticadas sobre justicia tributaria[28]." Esta "lógica" procesista también gobernó la guerra sucia: ¿para qué enjuiciar en engorrosos y largos procesos a los terroristas si era más simple eliminarlos?

Carlos Tacchi[29] y Ricardo Cossio completaron los puestos clave de la DGI, con el aval de Alemann. El primero comandó el célebre "tanquecito" y el segundo monitoreaba a los propios inspectores de la repartición, famosos por su grado de corrupción, tanto que la evasión se ubicaba en el 65%. En el sector externo Martínez de Hoz encontró alivio. La firma de un acuerdo stand by con el Fondo Monetario Internacional posibilitó conseguir nue-

28 Daniel Santoro, *Los intocables*, Buenos Aires, Planeta, 1996, p. 29.

29 Tacchi, que tenía fama de "castigador" e "incorruptible" se desempeñaría como titular de la DGI durante parte de la gestión de Domingo Cavallo en los años '90. Cossio había sido su antecesor bajo el mismo ministerio.

vos préstamos y la renovación de otros. En 1976 entraron 1.300 millones de dólares. El endeudamiento privado internacional de corto plazo –los swaps, ese instrumento utilizado por la gestión Cafiero– se redujo significativamente. A través del saldo favorable del comercio exterior y el ingreso de capitales compensatorios por la refinanciación de la deuda, Martínez de Hoz pudo recuperar el nivel de las reservas en divisas –brutas y de libre disponibilidad–. El aumento de las exportaciones y la reducción de las importaciones, junto a la "buena voluntad" de los acreedores externos y el saldo positivo de la balanza comercial, marcaron un inicio auspicioso de la gestión de Martínez de Hoz. La flexibilización del doble mercado cambiario, que pretendía unificarse para luego liberarlo, sumado a la reducción de todo tipo de restricciones al capital transnacional, aseguraron tres años positivos en los indicadores económicos macro[30].

La escandalosa compra de la Italo por el PRN demuestra que la transnacionalización de la economía vía deuda externa, la represión y la complicidad de los empresarios no eran cuestiones separadas sino aspectos de un mismo proyecto. En julio de 1976 José Alfredo Martínez de Hoz viajó a Suiza para iniciar las negociaciones con los directores del la Compañía Ítalo Argentina de Electricidad (CIADE). Ocurría que el ahora ministro había ocupado un sillón en el directorio de la Ítalo meses antes

30 Los empresarios representantes del mercado interno fueron evidenciando un creciente quebranto. En 1979, el titular de la Unión Industrial, por medio de un duro discurso el Día de la Industria, rompió las buenas relaciones con el gobierno militar. Desde 1979 hasta la desordenada "batida en retirada" del gobierno, la balanza comercial será negativa.

de unirse al elenco golpista. En burda contradicción con sus declarados principios neoliberales, pero sin ningún tipo de pudor ni de culpa, empeñó sus esfuerzos por estatizar la empresa privada que proveía de electricidad a la Capital Federal. Por la compañía se pagaron unos 300 millones de dólares. La infraestructura de la Ítalo distaba de haberse modernizado y los accionistas no estaban en condiciones o no tenían interés en reiniciar la costosa reestructuración que hubiera requerido inversiones cuantiosas. La estatización les vino muy bien[31].

Como declararía Jorge Rafael Videla ante una comisión parlamentaria durante los '80, "era el precio que los suizos les cobraban a los militares... Éramos un gobierno de facto, el país tenía cerrado el acceso al crédito suizo, esa situación podía revertirse en función de lo que ocurriera con la CIADE". La compañía fue deliberadamente utilizada como moneda de cambio. No obstante la celeridad con la que actuó el ministro, recién en 1978 el 90% de las acciones de la Ítalo pasaron de manos de la suiza Motor-Colombus al Estado argentino.

Mientras tanto Alexei Jaccard, un ciudadano suizo militante del PC chileno, había sido secuestrado por una combinación de fuerzas locales y de la DINA chilena –un típico operativo del Plan Cóndor–. Sin embargo, para

---

31 El ariete de las negociaciones fue Francisco Soldati, hijo de una familia profundamente ligada a los intereses suizos en la Argentina, quien se convirtió en uno de los directores del Banco Central y en el principal negociador con la banca internacional. Francisco Soldati se mató en 1995 cuando, jugando al polo, se cayó de su caballo y se fracturó la cabeza. Era un hombre de total confianza de Martínez de Hoz y lo acompañó en todas sus negociaciones y misiones en el exterior –Estados Unidos, Europa, Asia y China en 1978–.

no molestar a los generales que estaban interesados en comprar la Ítalo, o tal vez para no entorpecer los negocios helvéticos –era el séptimo país inversor en la Argentina–, el embajador William Frei –que casualmente tenía acciones de la CIADE– no efectuó reclamos ante los organismos internacionales. La excusa de W. Frei: "había que proteger a la extensa comunidad suiza en el país, la más numerosa de América Latina[32]".

Superado el apremio del frente externo, Martínez de Hoz atacó tres aspectos del frente interno: el déficit fiscal, el problema salarial y el nuevo punto de equilibrio de los precios relativos. Para diluir el déficit del Estado sin apelar a despidos masivos se decidió congelar los salarios de todo el personal estatal. Además del incremento en la presión impositiva, se indexaron los créditos a favor del Estado lo cual redundó en incrementos en la recaudación.

Martínez de Hoz consideró que el salario real había logrado su equilibrio sólo cuando alcanzó un piso del 40% por debajo de los valores promedio del período 1970-75. Se elevarían, eventualmente, junto con mejoras en la producción. El tercer punto era un consecuencia lógica del segundo.

La política antiinflacionaria consistía en el mantenimiento de este equilibrio por el cual se aseguraba la estabilidad vía "colchón de precios" y tarifas, más austeridad fiscal. 1976 culminó con un éxito relativo. Pocas medidas y buenos resultados de un plan de coyuntura que preparaba el terreno para las modificaciones estructurales de

32 Diario *Clarín*, 20 de febrero de 2000.

toda una sociedad que se había confinado en sus hogares. Una sociedad replegada que facilitó las acciones de exterminio, casa por casa, a manos de los grupos de tareas.

A fines de 1977 las reservas totales llegaban a más de 3.500 millones de dólares, con dos tercios de libre disponibilidad, y el balance de pagos arrojó un superávit de 2.479 millones de dólares. El poder militar ofrendaba a los banqueros del mundo "seguridad". Eso sí, una auténtica "Seguridad Nacional".

Así como los hombres de Martínez de Hoz habían aprendido a "entender" el mundo a través de la óptica monetarista de la Universidad de Chicago, los militares argentinos habían recibido instrucción en las academias militares norteamericanas donde se "cultivaron" en la Doctrina de la Seguridad Nacional para librar una curiosa tercera guerra mundial sin cuarteles y sin trincheras, una batalla de exterminio absoluto del comunismo y la subversión, sin distinciones y sin matices.

Los banqueros prestamistas y la burguesía pedían al unísono tranquilidad absoluta en la Argentina. Pero la burguesía transnacional fue la que exigió el cumplimiento ciego de la apertura y la imposición de la economía de mercado, libre de molestas protestas gremiales y caprichosos pataleos de la burguesía nacional, afectada por el ataque al mercado interno. Desde el comienzo las medidas económicas del PRN favorecieron la concentración de capitales –industriales, financieros, comerciales y agrarios– y fomentaron la descapitalización empresaria. La estrategia "eficientista" haría un daño irreparable al sector más débil del empresariado nacional desde que se abrieron las puertas, indiscriminadamente, a las importaciones. El ahorro especulativo vedó toda reinversión productiva.

La batalla arancelaria, punta de lanza de la reforma estructural junto con la reforma financiera, empezó con el decreto 3.008, en diciembre de 1976. La compleja polémica que engendró la decisión de bajar los aranceles se extendió durante todo 1977 y gran parte de 1978. No era necesario desmenuzar la realidad para comprobar los efectos de una rebaja de aranceles, o de mantener ciertas áreas industriales en un cono de sombras en materia de precios. Era definitivamente imposible pedirle eficiencia a un industrial argentino que no estaba acostumbrado a competir ni en condiciones de hacerlo por los altos costos de infraestructura y de servicios. No obstante esta reforma, persistieron barreras paraarancelarias que mitigaron los efectos de la apertura para ciertos sectores de la industria. Los mismos que se beneficiaron con las "privatizaciones periféricas" de áreas pequeñas, pero muy rentables, de las empresas del Estado[33]. El ministro ofreció claras ventajas a los contratistas del Estado –la llamada "patria contratista"– pero no hubo demasiados interesados en las empresas públicas, y en la mayoría de los casos se presentó un solo candidato. Se evidenciaba un claro temor de hacerse cargo de los "elefantes blancos" del Estado, controlados en ese entonces por interventores militares. Sólo hubo interés en algunas ramas específicas, como los frigoríficos y el azúcar.

Se produjo, eso sí, una rápida expansión de los privados en el área petrolera. El negocio creció considerablemente. Alrededor de 20 grupos empresarios, que provenían de otras actividades, se volcaron a la actividad extractiva de crudo a medida que YPF ofrecía nuevas y

---

33 Jorge Schvarzer, *La política económica de Martínez de Hoz*, Buenos Aires, Hyspamérica, 1986, p. 132.

renovadas oportunidades. Se realizaron 37 licitaciones para ceder áreas petroleras, la mayoría de ellas en plena explotación. Gas del Estado también ofrendó actividades periféricas al mundo privado. La principal contratación fue la del gasoducto Centro-Oeste.

Ferrocarriles concesionó la reparación del material rodante y el mantenimiento de vías. La Empresa Nacional de Telecomunicaciones (ENTEL) concedió el mantenimiento de los planteles exteriores. Vialidad Nacional subcontrató el mantenimiento de rutas y hubo inversiones privadas en autopistas por peaje. Se ofreció a manos privadas, en la Municipalidad de Buenos aires, la recolección de residuos y el mantenimiento del alumbrado público.

En los contratos petroleros, de gas, de gasoductos y de servicios el empresariado argentino captó negocios estatales de alta rentabilidad. Jorge Schvarzer indica: "Desde un punto de vista macroeconómico, estas actividades, entonces, no crean mercados nuevos, no abren nuevas actividades, no impactan decididamente sobre los niveles del Producto Bruto Interno. Ellas tienden a acomodarse en forma más o menos pasiva a los requerimientos existentes... Porque se trata del avance del sector privado sobre áreas ya ocupadas por el Estado. Y no sobre nuevas actividades. El desarrollo económico, en cambio, es consecuencia de las nuevas actividades, no del copamiento de los privados sobre el Estado[34]."

Hubo, entonces, una apertura industrial que no alcanzó la magnitud y la profundidad de la apertura del mercado de capitales. Jorge Schvarzer compara estas experiencias con las de Chile gobernada por Pinochet, donde la situación

34 Jorge Schvarzer, Op.cit., p. 249.

fue inversa. Allí se liberó la economía totalmente y sólo se abrió gradualmente el mercado financiero[35].

Era normal que el Fondo Monetario solicitara la flexibilización aduanera para que se liberaran los mercados. Pero la rebaja de aranceles que propuso Martínez de Hoz significaba incluso una redifinición del ya deteriorado esquema industrial argentino[36]. El gobierno pretendía públicamente mejorar el nivel interno de los precios y procurar la eficiencia de la estructura productiva. Los aranceles actuarían como disuasivos en el ajuste de precios, como una "espada de Damocles". Pero la absoluta desprotección de la industria nacional y la invasión de bienes de consumo masivo y suntuarios importados hirieron gravemente a las industrias elaboradoras de bienes de consumo, a las de bienes de capital, de repuestos y de equipos, a la industria textil, la electrónica y la de artefactos para el hogar y la oficina.

Si el propósito manifiesto era sanear la economía, que fuera competitiva sin la intervención del Estado, el objetivo oculto consistía en eliminar de cuajo toda base de sustentación de las "políticas populistas", acallar al sindicalismo combativo, disciplinar a los obreros. Quebrar a

---

35 El modelo chileno terminó en un desastre en 1982 y 1983 embretado en una recesión profunda. El gobierno militar debió expulsar a los monetaristas Chicago Boys encabezados por Sergio De Castro y ubicar, en su reemplazo, a Hernán Bucchi, menos ortodoxo y más pragmático. En la década de los '80 y '90 la burguesía chilena se expandió y adquirió empresas en Argentina y Perú. A fines de siglo, los capitales chilenos radicados en la Argentina bordean los 9.000 millones de dólares.

36 Daniel Aspiazu y Hugo Nochteff, Op.Cit., p. 93: "Durante la dictadura militar no se enfrentaron los defectos de la industrialización sino que se cuestionó la industrialización misma."

la pequeña y mediana empresa –industrial, rural, comercial y financiera– equivalía a golpear en el corazón de la "resistencia". Transformar a las grandes empresas nacionales en ensambladoras, en subsidiarias de las casas matrices extranjeras, en armadurías fue, en definitiva, el objetivo del Plan. El aniquilamiento fue progresivo y simétrico con la política de los militares que manifestaban "poner orden en el país caotizado" al tiempo que masacraban en las tinieblas a los "ideólogos" del modelo populista. Desde el periodista y escritor Rodolfo Walsh hasta estudiantes de colegios secundarios. Desde obreros hasta militantes progresistas de cualquier partido, la mayoría de los cuales no integraba milicias armadas.

Uno de los casos más sonados de represión militar vinculada clara y directamente con los intereses empresarios, fue el secuestro de la comisión gremial interna de la Ford, por "pedido" de la patronal. Recientemente Víctor De Gennaro, líder de la Confederación de Trabajadores Argentinos (CTA), declaró como testigo en el proceso que se sigue en Italia al ex general Guillermo Suárez Mason, al general Santiago Riveros, al prefecto Juan Carlos Girardi, a los suboficiales de prefectura Héctor Maldonado, Alejandro Puertas, Julio Rossin y José Rossin, por el secuestro y asesinato de ocho ciudadanos de ese país. De Gennaro testificó bajo juramento que los empresarios argentinos colaboraron con el gobierno militar entregando listas de delegados gremiales "rebeldes", hoy desaparecidos en su mayoría. El 76% de los funcionarios del PRN provenía de las filas empresarias. Esos dirigentes, dijo De Gennaro, "siguen dominando en nuestro país y el terror que nos llegó hasta los huesos durante la dictadura se prolonga, ahora, en el miedo a la hiperdesocupación". Invitado a dar ejemplos de sus dichos el sindicalista citó el caso de la empresa Ford, donde "33 compañeros fueron arrestados en la propia fábrica por los militares, pero marcados por las listas sugeridas por la misma empresa y sólo 4 de ellos sobrevivieron".

En la Mercedes Benz de González Catán ocurrió algo similar. En octubre de 1999 el abogado alemán Wolfgang Kalek presentó una demanda contra el antiguo gerente de producción de Mercedes Benz en la Argentina, Juan Tasselkraut. Lo acusa de ser cómplice de la desaparición de 13 delegados sindicales de la planta bonaerense entre 1976 y 1977. Rubén Luis Lavallén, identificado torturador, se desempeñaba como custodio de la empresa cuando ocurrieron las desapariciones. Como una ironía del destino, la causa tramita en un juzgado de Nuremberg[37]. En Buenos Aires el abogado Juan Carlos Capurro presentó la causa ante la Secretaría de Derechos Humanos. Podrían citarse, entre numerosos casos más, el del ingenio Ledesma de la familia Blaquier, o el de los astilleros Astarsa. En ambos los obreros fueron secuestrados en sus lugares de trabajo[38].

Mientras las grandes empresas se complicaban con la represión, las pequeñas sufrían el tifón de la apertura y de la reforma financiera. Algunas cámaras empresarias presentaron quejas que se basaban en los siguientes hechos –de absoluta vigencia durante los '90 y aún hoy–:

---

37 Diario *Le Monde Diplomatique*, edición argentina, diciembre de 2000. Los demandantes son ex empleados de la empresa. Se propone que Mercedes Benz indemnice a los delegados sindicales sobrevivientes. Después del secuestro y desaparición, Mercedes Benz siguió pagando los sueldos a los familiares de las víctimas. En cambio Ford intimó por telegrama que se presentaran a trabajar, so pena de ser despedidos.

38 Diario *Clarín*, 13 de junio de 2000.

1) Al abrirse la importación se desarrolló como consecuencia un mercado de moda, de consumo superfluo, que marginó la adquisición de artículos nacionales.

2) Con el fantasma de la competencia externa a la vista, pocos se arriesgarían a invertir, expandirse o comprar nuevos equipos.

3) Al facilitar la importación se gastaban divisas en bienes ya sustituidos por la producción local.

4) Si el Estado exigía eficiencia tendría que haber procurado una reducción en los costos de los insumos importados.

5) La tendencia internacional se encaminaba a forjar rígidas defensas a la producción nacional. Funcionaba como respuesta a la "cartelización" de muchas naciones productoras. Para superar sus desajustes, los países industrializados colocaban "sobrantes" en el mundo a valores reducidos y por debajo de los costos de fabricación. Actuaban con maniobras de dumping.

La reforma financiera se legisló a través de la Comisión de Asesoramiento Legislativo (CAL) luego de algunas discusiones internas y tras la aplicación de una "tregua de precios" por 120 días para atemperar el alza –los precios eran libres entonces– y generar así un clima más propicio. La ley 21.526 de Reforma Financiera contenía el germen, el ensayo de entrega de una parte vital de la economía argentina a las leyes de "mercado". En un contexto inflacionario, se autorizó un mercado libre de dinero, donde la oferta y la demanda fijarían el nivel de la tasa de interés. Los depósitos a plazo fijo se incentivaron por sobre los fondos depositados en cuentas corrientes y se establecieron condiciones blandas para la formación de nuevas entidades financieras, so pretexto de mejorar la competencia. A partir de estas medidas el sector financiero, que ya había sacado provecho del colapso de 1975-1976, se transformará en el eje de la economía argentina[39].

El costo financiero será el más gravoso de la industria, el sístole y diástole de la inflación. Como un monstruo devorador, la especulación financiera drenaría la sangre de las "venas abiertas de la Argentina" para hacer metástasis en la deuda externa.

El Estado impulsó en 1977 el alza de la tasa de interés y la recesión se hizo sentir. La economía entraba nuevamente en un proceso de "estanflación"[40]. El déficit fiscal volvía a ser un problema por el descontrolado gasto en armamentos dispuesto por Videla y por la ineficiencia crónica de las empresas del Estado. El año 1978 presentaba nubarrones en el horizonte.

La dictadura había encarcelado a casi todos los funcionarios representativos del gobierno de Isabel Perón. ¿Que ocurrió con el resto de la dirigencia? Todo el arco político aceptó, resignadamente, el golpe militar. Uno más después de todo. Como en el pasado, lo consideraron

---

39 Permitió la consolidación de un periódico que representaba los intereses del sector financiero. *Ámbito Financiero*, creación del periodista Julio Ramos, en realidad fue lanzado a fines de 1976 como una especie de boletín que informaba las tasas de interés que ofrecían los bancos de la City. Era "La Rosa" en la apuesta del bullicioso microcentro porteño. Fue una publicación de éxito que mantuvo durante buen tiempo la atención de un público ávido de chismes, rumores y notas especiales. Utilizó un lenguaje singular y con los tics verbales de los operadores financieros y mesa-dineristas. El mismo Ramos había instalado una mesa de dinero dentro del diario.

40 Jorge Schvarzer, Op. Cit., p. 73: "La política de las autoridades fue bien definida. Luego de haber creado las condiciones para el alza de las tasa de interés, se adoptó una actitud pasiva ante su evolución; más aún, se convalidó directamente la tendencia alcista de los precios del dinero".

irremediable y "pasajero". El movimiento desarrollista MID fue, al menos en los comienzos, uno de los más entusiastas sostenedores del régimen militar, en cualquier caso, el único partido que le brindó apoyo explícito[41]. Oscar Camilión –con autorización de Arturo Frondizi y Rogelio Frigerio– fue designado embajador en Brasil, cargo que ocupó aún después de la ruptura del MID con el PRN[42].

En 1978, el sesgo poco "nacional" de la política económica de Martínez de Hoz, no sólo le valdría los primeros problemas políticos con los militares, sino el alejamiento del MID, más consustanciado con los militares nacionalistas que con las ideas neoliberales del equipo del ministro de Economía. Radicales y otros partidos políticos democráticos comenzaban a discutir, en forma inorgánica y aislada, el pronto restablecimiento del orden constitucional y la actividad política partidaria.

Dentro del movimiento obrero se conformaron dos tendencias: la confrontacionista, liderada por Saúl Ubaldini

---

41 María de los Ángeles Yannuzzi, *Política y dictadura*, Buenos Aires, Fundación Ross, 1996, p. 51: "Si creemos importante analizar en particular al Movimiento de Integración y Desarrollo, es porque este partido constituyó durante el Proceso, un caso particular que no responde al comportamiento observado por los demás partidos... inmediatamente después de que se produjera el golpe, el MID dio a conocer un documento en el que, sin ambages, calificaba a la dictadura como la 'manifestación de la revolución nacional'... El MID es el único que no solamente apoyó al régimen militar, sino que, además, entendía que la dictadura encarnaba una pretendida 'revolución'".

42 Oscar Camilión, *Memorias políticas*, Buenos Aires, Planeta-/Todo es Historia, 1999, pp. 189 y ss. En este libro, en el que Camilión dice más por lo que omite que por lo que atestigua, se justifica la represión militar en tanto la considera consecuencia de una guerra civil en la que Montoneros y el ERP se mantuvieron activos hasta 1978, atentando, en ese período, tres veces contra la vida del presidente Videla.

donde confluía un conjunto heterogéneo de agrupaciones sindicales, y la participacionista, encabezada entre otros por Jorge Triaca, integrada por los grandes gremios intervenidos. Domingo Cavallo, cuyos estudios, se dice, habían sido financiados por el grupo Arcor a través de la Fundación Mediterránea, tenía de ladero en la revista de la fundación a Aldo Dadone[43]. Desde el centro de la república y luego de su paso por la Universidad de Harvard en los Estados Unidos, Cavallo iniciaba su carrera pública en defensa de un empresariado nacional que, con la "patria contratista" y la promoción industrial, crecía alimentado con capitales foráneos[44].

Fue justamente la utilización que la burguesía nacional hizo de la promoción industrial lo que determinaría una nueva estructura productiva de la Argentina que se mantiene, con variaciones de titularidad, hasta el presente.

La promoción industrial reconoce un fuerte impulso desde la ley 21.608/77 elaborada por el PRN, que al contra-

---

43 Dadone luego lo acompañaría en la década del '90 como titular del Banco Nación y de activa participación en el sonado affaire con IBM.

44 Diario *Página 12*, 2 de julio de 2000. En un informe que realizó entre 1979 y 1980 la revista *Estudios*, órgano de la Fundación Mediterránea, queda despejada la duda acerca del papel meramente "técnico" de Domingo F. Cavallo. El nudo del trabajo acerca de tarifas públicas que elaboró por pedido de Guillermo W. Klein –el segundo de Martínez De Hoz– concluía con una clara referencia ideológica en apoyo del terrorismo de Estado: "Se trata de contribuir de manera inteligente a reducir a un mínimo las contradicciones del sistema social que los 'enemigos' de nuestra cultura se especializan en aprovechar conforme a su explicitada praxis política para destruir a las sociedades libres."

ACINDAR, luego de la gestión de Cavallo en el Banco Central y la estatización de la deuda privada, cobró un seguro de cambio de 630 millones de dólares. Desde entonces se convirtió en sólida benefactora de la Fundación Mediterránea, capitaneada por Cavallo.

rio de la 20.560/73, daba acceso al capital extranjero. Estas normas regían en al ámbito nacional[45]. Se supone que serían un instrumento de descentralización industrial y de generación de puestos de trabajo, y que estos polos de desarrollo beneficiarían a las históricamente postergadas economías regionales. A cambio, se ofrecía a los "pioneros" desgravaciones impositivas importantes, por ejemplo del IVA, tanto sobre los insumos como sobre el producto terminado. Sin embargo las empresas beneficiarias, que tenían sus plantas instaladas en zonas cercanas al puerto de Buenos Aires, sólo realizaban en los establecimientos de las provincias, fábricas de escenografía, el proceso final de terminado. Redondeaban así un fabuloso negocio especulativo en perjuicio de todo el mundo, de las provincias, del Estado, de las empresas que no formaban parte del régimen, de la mano de obra.

El resultado del uso especulativo y tramposo de los regímenes de promoción industrial trajo como consecuencias inmediatas la desindustrialización de la Argentina, el crecimiento y concentración de la economía en un grupo reducido de agentes económicos, la concentración

---

45 Eduardo M. Basualdo y Daniel Azpiazu, *Cara y contracara de los grupos económicos*, Buenos Aires, Cántaro, 1990. A este marco legal hay que sumarle el de las provincias de La Rioja (ley 22.021/79), luego Catamarca y San Luis (ley 22.702/82) y San Juan (ley 22.973/83). La legislación de 1972 (ley 19.640) regía para los Territorios Nacionales de Tierra del Fuego e Islas del Atlántico Sur. Esta diferenciación también operó en la variedad de sectores industriales que eligieron uno u otro sitio según su conveniencia. Así, las armadoras de electrodomésticos y artículos de electrónica se instalaron en el sur debido a que el régimen eximía del pago del IVA y de cánones de importación para dichos productos. Todos estos regímenes continuaron vigentes hasta septiembre de 1988, cuando el sistema se hizo más estricto. Luego el menemismo los eliminaría definitivamente.

del capital y la distribución cada vez más regresiva del ingreso nacional, finalmente la desfinanciación del Estado por falta de ingresos.

El PRN desarticuló definitivamente el proyecto industrial de sustitución de importaciones en función de privilegiar la acumulación a través de la valorización financiera internacional de los capitales nacionales, la transferencia de capitales hacia grupos concentrados y al sistema financiero internacional. Entre 1979 y 1981, período de auge de transferencia de divisas, se giraron fronteras afuera más de 20.000 millones de dólares.

Este viraje tuvo como beneficiarios y protagonistas a los grandes grupos industriales del país. En adelante, la producción no será un problema de peso para los grupos que lideren la economía local. Les incidirá menos el índice de actividad industrial nacional que los vaivenes financieros de los países centrales[46]. La necesidad de acumular capital para valorizarlo en el exterior determinó que se aplicaran, sistemáticamente, a "aspirar" los recursos de un Estado cómplice y a apropiarse de porciones cada vez más importantes de la renta nacional, con la consiguiente redistribución regresiva del ingreso.

La drástica caída de la inversión, tanto estatal como privada, acentuará y hará irreversible el proceso de desindus-

---

46 Hacia fines de los '80 la actividad industrial generaba el 25% del PBI, 5% menos que en la década del '70. El 15% de los establecimientos fabriles había desaparecido y la ocupación industrial había descendido un 10%. La participación del salario en el producto industrial cayó un 50%. Sin duda, la promoción industrial favoreció y continuó, durante los '80, la estructura impuesta por la dictadura militar. El "ahorro" de los sectores que se beneficiaron con el nuevo esquema no redundó en una expansión de la formación de capital, sino en la transferencia de capitales al exterior.

trialización iniciado en 1976. El Estado, que había tenido una participación destacada en la formación de capital hasta ese año, comenzó a derivar sus ingresos al gasto favoreciendo a empresas que sobrefacturaban sus productos y servicios, girando divisas para el pago de la creciente deuda externa y pagando las transferencias de pasivos del sector privado. Esos recursos ya no los obtenía de impuestos progresivos, sino de impuestos al consumo y por aumentos en las tarifas de servicios públicos, generando así la fabulosa y oligopólica redistribución que sufrieron y sufren las clases populares[47].

El régimen de promoción industrial implantado por la dictadura benefició a seis ramas de la producción nacional: la industria cementera, las fábricas de pasta de papel, de substancias químicas básicas, de abonos y fertilizantes, de plásticos, y la industria siderúrgica. Otros proyectos que se presentaron no obtuvieron aprobación. El sector manufacturero –creador de fuentes de trabajo industrial– se vio relegado ante estos sectores que además ya tenían una capacidad instalada importante.

En consecuencia, las empresas que "entraron" en la promoción ya eran, a mediados de los '70, hegemónicas en su sector, y aunque se beneficiaron con las exenciones impositivas de la promoción, nunca aportaron el capital ni las inversiones prometidas –y exigidas por el nuevo régimen–.

47 Cfr. Eduardo Basualdo y Daniel Azpiazu, Op. Cit. Estos autores resaltan que la participación del Estado en la inversión se redujo el 50% desde la década del '70 a la del '80. En cuanto al sector privado, no sólo disminuyó la inversión –aunque en menor porcentaje– sino que la que se realizó se amparó en los regímenes subsidiados de la promoción industrial. Esto significa que se invirtió a expensas de los contribuyentes, es decir, generando una nueva transferencia de recursos y favoreciendo la concentración económica.

Sólo invirtieron bajo el paraguas protector de regímenes subsidiados, generando mayor concentración económica. Por el contrario acumularon capital, hicieron un "colchón" para mantener la concentración del mercado en cada área, amén de que mutaron con rapidez en agentes financieros activos, cada vez con mayor poder frente al Estado y la sociedad toda.

El poder de un grupo reducido de empresas queda en evidencia cuando se comprueba que los 50 proyectos aprobados –8% del total– sumaban las tres cuartas partes del capital promocionado. El resto correspondía a empresas más pequeñas sobre las que ejercían control directo o indirecto. Tal concentración produjo una transformación estructural del mercado. Los grandes grupos comenzaron a fijar precios, condiciones y reglas frente a un poder estatal progresivamente acorralado y colonizado por los agentes de estos grupos[48].

---

48 Cfr. Eduardo Basualdo y Daniel Aspiazu, Op. Cit. Celulosa y Massuh controlaban la producción de pasta y papel; Garovaglio & Zorraquín y Perez Companc, los principales bancos locales y las firmas líderes de la petroquímica y la metalurgia; Bunge & Born manejaba un número vasto de empresas de alimentación (Molinos), textiles (Grafa) y pintura (Alba). Alpargatas tenía proyectos provinciales como Calzado Catamarca SA, Palette Oeste SAs –frazadas–, Textil Catamarca SA –acabado textil–, Alpargatas Textil San Luis SA y Calzar Textil. Uno de los ejemplos más acabados de la trama interempresarial que se benefició de los regímenes de promoción nacional y provinciales, fue el grupo Arcor. Patrocinó a Vitopel –film de plástico–; Cartocor SA –cartón corrugado–, Pancrek SA –galletitas–, Misky SA –golosinas– y Milar SA, favorecidas con 78 millones de dólares. En el ámbito provincial hizo lo propio con Candy SA –golosinas–, Alica SA –gelatinas y helados–, Carlisa SA –galletitas y alfajores–, Indal San Juan SA –embutidos y fiambres–, Plastivil SA –film de PVC–, Carbox –cartón corrugado– y Corverflex SA –films plásticos–.

Basualdo y Azpiazu sostienen que las estrategias de concentración económica desplegadas por los grupos beneficiarios de la promoción fueron básicamente cuatro: consolidar el control oligopólico allí donde ya dominaban, ampliar la capacidad instalada para competir mejor en su sector, invertir para "verticalizar" la operatoria, diversificar la producción por medio de inversiones en otras actividades. El Grupo Perez Companc, ejemplo de estrategia de verticalización, compró varias empresas que formaban parte de su cadena proveedoras de insumos y servicios, y que no pudieron soportar la extrema apertura de la economía. Así Perez Companc –como otros grandes– se adueñó, a precios muy inferiores a los reales, de Motores Marelli SA, Cía Argentina de Cemento Portland SA, Petroquímica Cuyo SA, Pasa y Petrosur.

Reforma financiera y régimen de promoción industrial no fueron los responsables únicos de la debacle y la concentración económicas. La tercerización directa de servicios también tuvo que ver. En 1979 Martínez de Hoz promovió la creación de correos privados, "teniendo en cuenta que existen en el país empresas privadas con adecuada infraestructura para cumplir en gran parte con ese cometido", dijo. Los permisos otorgados favorecieron a OCASA, empresa formada por OCA, Juncadella y Alfredo Yabrán[49]. Como toda empresa beneficiada por el capitalismo prebendario argentino, OCASA se expandió meteóricamente cuando el titular del Banco Nación, Juan Ocampo, le entregó el transporte de valores y

---

49 El presidente Fernando de la Rúa fue abogado de OCASA, servicios que negó a la prensa cuando la figura del "humilde cartero" se hizo impopular. Cfr. Miguel Bonasso, *Don Alfredo*, Buenos Aires, Planeta 1999, p. 156.

correspondencia entre las 541 sucursales de ese banco –privatización del clearing bancario–[50].

A raíz de la situación económica, de la ansiedad manifiesta de algunos sectores por la apertura política y de las denuncias internas y externas por la represión ilegal sobrevino, antes del Mundial de Fútbol, la primera pérdida de legitimidad de un, por definición, ilegítimo gobierno militar, a pesar de las imprecaciones del inefable Álvaro Alsogaray, que alertaba sobre la "pérdida de tiempo" en que incurría Martínez de Hoz frente a las crecientes resistencias sociales que obstaculizaban la implementación de un plan que veía en serio peligro.

En medio de dudas y resistencias internas, el Mundial de Fútbol de 1978 sería una oportunidad para presentar al mundo una imagen remozada del país y una ocasión única para aglutinar al pueblo argentino. Pero más allá de los deseos ya atronaban las denuncias por las violaciones a los derechos humanos, que no ensombrecieron en absoluto la euforia de la cúpula militar. En edificios céntricos se asesinaba, torturaba y robaba a las víctimas del terrorismo de Estado, argentinos y extranjeros. Entre 1976 y 1978 los grupos de tareas asesinaron en Buenos Aires a parlamentarios uruguayos, al ex jefe militar chileno del gobierno de Salvador Allende, al ex presidente boliviano Juan Torres y a militantes perseguidos de América Latina. La complicidad del Plan Cóndor –el trabajo coordinado de fuerzas de seguridad de distintos países–, les permitió secuestrar

---

50 La flota de OCASA estaba integrada por camionetas Ford F-100 y luego por combies provistas por el ex presidente de Boca Jrs. Alberto J. Armando, quien habría sido uno de los benefactores ocultos y primeros de Yabrán. Cfr. Miguel Bonasso, Op. Cit., p. 121.

a argentinos en el exterior, en una suerte de "terrorismo de Estado supranacional". Ni siquiera la llegada de misiones de organismos internacionales defensores de derechos humanos, ni las denuncias y presiones de los Estados Unidos y Europa en reclamo por las desapariciones de ciudadanos de sus países podía aguarles la fiesta. Bastaba con declarar que "Los argentinos somos derechos y humanos" y que el gobierno era víctima de una campaña de desprestigio internacional.

Esa euforia pudo verse en colores: gracias al fútbol, a la tecnología alemana y a la tenacidad de algunos militares, se erigió ATC, se modificaron estadios y se construyeron otros. Fue una inversión ociosa, impulsada desde la junta militar, en oposición al criterio del equipo económico[51]. El triunfo deportivo y el show montado por la junta dio oxígeno político al desgastado gobierno. Videla, Massera y Agosti fueron aplaudidos al ingresar a los estadios. La gente ganó la calle, eufórica y entusiasmada con el triunfo definitivo de la selección nacional.

Pero si bien los tres goles contra Holanda sirvieron para ocultar por un tiempo los crímenes y los centros de detención clandestinos, no alcanzaban para tapar la irremediable crisis económica que se desataría desde la aplicación de la "tablita". Todavía a mediados de 1978, Martínez de Hoz y el presidente del Banco Central, Adolfo Diz, se mantenían aferrados a una política cambiaria que, a esa altura del año, ya había despertado suficiente rechazo. Subían los precios mayoristas, pero el dólar no se movía. El ministro de Economía entendía,

---

51 Juan Alemann, secretario de Hacienda, cuyo domicilio sufrió varios atentados, cuestionó públicamente el gasto inútil en esas obras faraónicas y denunció las presiones militares para que se realizaran.

según preceptos monetaristas, que así se evitaba la expansión monetaria, y en consecuencia la inflación.

Los exportadores, a través de una larga batalla de solicitadas, hablaban de un "país debilitado". Demostraron que entre el 30 de septiembre de 1977 y el 30 de abril de 1978 los precios mayoristas habían trepado el 75,8%, en tanto que la paridad cambiaria sólo el 49,5.

A un paso de un demencial enfrentamiento armado con Chile por el litigio del canal del Beagle, nació la célebre "tablita cambiaria"[52], un cronograma de devaluación del peso que daría certidumbre a los mercados y al valor de la moneda. En el programa económico del 20 de diciembre de 1978 Martínez de Hoz había anunciado, en el marco del plan de mediano plazo, un cronograma de devaluación paulatina del tipo de cambio. La "tablita", principal arma de ajuste del sistema, combinada con la apertura irrestricta del mercado de capitales[53], motorizaron la quiebra en cadena de la banca argentina en 1981, a un costo fenomenal.

---

52 La autoría intelectual de la "tablita" corresponde, según informara el diputado Jesús Rodríguez en una sesión parlamentaria, a Carlos Rodríguez, Pedro Pou y Roque Fernández, integrantes del Centro de Estudios Monetarios Argentinos (CEMA). Carlos Rodríguez sería vice ministro de Economía; Pou, titular del BCRA y Fernández, ministro de Economía, todos durante la administración Menem.

53 Para respaldar y aumentar –aún más– la liberalización del mercado financiero se creó la Cuenta de Regulación Monetaria, dispositivo que manejaba el Banco Central para "equilibrar el sistema": el Banco Central cobraba una tasa a las entidades por los fondos depositados en las cuentas corrientes y pagaba una compensación por el dinero inmovilizado, llamado "encaje bancario". La Cuenta debía, teóricamente, estabilizarse a través de la compensación de débitos y de créditos. Al principio el "encaje" era del 45% del total de los depósitos. El Central tenía que compensar una cifra significativa de los ingresos de las compañías financieras. Luego se redujo hasta el 29%, por la necesidad

La "tablita" incentivaba la operaciones de corto plazo, a altas tasas de rendimiento. Para fines de ese año se podía observar que la situación de los bancos nacionales –que competían ferozmente, ofreciendo tasas cada vez más altas– era explosiva. Sus números no cerraban, estaban sobreexpuestos. Lógicamente, para pagar las tasas que pactaban, los bancos y las flamantes financieras debían, a su vez, transferirlas a los deudores. Las tasas de interés positivas representaban una soga al cuello para las empresas que tomaban créditos pero no podían luego afrontarlos. Esto dio nacimiento a refinanciaciones de refinanciaciones o "autopréstamos", y algunas transformaron sus activos reales en depósitos financieros[54]. Los autopréstamos eran una operatoria vergonzosa, casi un vaciamiento, por la cual las entidades financieras otorgaban préstamos y refinanciaciones a empresas –fantasmas o reales– vinculadas a los bancos, incluso a sus directores. Casi todos los bancos que cayeron a partir de 1980 y luego la seguidilla de bancos que cerró en la década del '90 –Banco Patricios y Banco Mayo por ejemplo– fueron acusados de autopréstamos. Cuando se abrieron los armarios de los bancos para investigarlos, se encontraron "carpetas fantasmas" de deudores, reales o no, cuyo único o principal activo era el crédito del banco. Los controles oficiales, investigó Jorge Lorenzutti, generaban muchas veces prácticas que profundizaban el problema, como el caso de los "créditos cruzados" a través de los cuales cada entidad otorgaba préstamos a personeros de

---

de controlar la liquidez del mercado. Los pagos originados en la Cuenta de Regulación Monetaria en 1978 superaron el déficit del sector público de ese mismo año.

54 Jorge Lorenzutti, *Dinero, política y bancos*, Buenos Aires, Ed. Universidad Abierta Interamericana, 1996.

otra entidad para comprarse mutuamente las carteras. La corrupción barrió los endebles cimientos del sistema financiero. El público sospechaba, y con fundamento, el derrumbe de entidades, como efectivamente ocurrió.

El Banco de Intercambio Regional (BIR) que con la desregulación financiera había crecido a fuerza de un endeudamiento constante e irresponsable, acumulaba una deuda de 3.000 millones de dólares en 1980. La liberación del mercado financiero había creado las condiciones para que con un capital exiguo, o con simples influencias, se pudiera erigir una entidad financiera. El emporio de José R. Trozzo contaba con 100 sucursales, algunas en Nueva York, París y Washington, y un banco femenino, el Juana de Arco –atendido por su esposa– ubicado en la Recoleta para satisfacer los requerimientos de las señoras clientas del distrito[55]. Tras una auditoría que comprobó que grandes tomadores de crédito de esa banca ya se habían fundido, y que la megainstitución se iba a pique, Martínez de Hoz ordenó la intervención del BIR, medida que desencadenó el pánico generalizado de los ahorristas de otras entidades[56].

Desbordado por la realidad y las corridas de depósitos, el permisivo Banco Central tuvo que hacerse cargo del Banco Oddone –de Luis Oddone–, del Banco de los

---

55 Hombre "rechazado" por los banqueros tradicionales, que lo definían como "advenedizo", Trozzo logró construir su imperio con pocas monedas, constancia, voluntad y contactos en todos los niveles, civiles, militares y religiosos. Fue un personaje típico de la Argentina atomizada de la década del '70. Logró fugarse. Sus asesores dijeron que era víctima de una "vendetta". Años más tarde reapareció en México como Consultor del PRI, el partido hegemónico por décadas en ese país, y como docente universitario.

56 Pocas horas después que se ordenara la intervención del Banco Central, todo el archivo del BIR, guardado en el Teatro Avenida, fue presa de un misterioso incendio que borró muchas pruebas del fraude.

Andes –de Héctor y José Greco, y del Banco Internacional –del grupo Sasetru–. Todos pertenecían a grupos económicos que se prestaban a sí mismos fraguando documentación y estafando al público ahorrista, seducido por los tentadores plazos fijos.

Hacia fines de 1980 el Central había liquidado cuarenta instituciones financieras. Para calmar la histeria se ensayó una "red de seguridad" que se conoció como "circular 1050", que obligaba al Banco Central a responder por los depósitos de los ahorristas –las garantías habían sido eliminadas antes del festival financiero–. Le costó al Estado, inicialmente, 2.600 millones de dólares, cifra que se multiplicaría a lo largo del año.

Hasta la corrida bancaria el incremento de la deuda externa se había traducido en un aumento de las reservas en divisas. Pero la creciente demanda interna de dólares, sumada a la inseguridad extendida tras el derrumbe bancario comenzó a drenarlas, obligando, además, a contraer nuevos compromisos en la plaza internacional. Así fue cómo la aplicación de la "tablita" ató el sistema financiero argentino, para siempre, al internacional. Dicho de otro modo, le colgó a la Argentina el yugo más eficiente para condicionar cualquier estrategia económica independiente: la deuda externa.

En términos netos, la deuda creció de 8.500 millones de dólares en 1979, a 19.500 millones en 1980. Durante 1981 llegaría a los 32.000 millones de dólares. Entre 1975 –momento del "Rodrigazo"– y 1981 la deuda externa de la Argentina se multiplicó 4,5 veces[57]. El endeudamiento más

57 Daniel Aspiazu y Hugo Nochteff, Op.Cit., p. 89: "Mientras que para financiar el crecimiento durante más de dos décadas, el país

fuerte se produjo entre 1978 y 1980 por préstamos al sector privado. Pero en la medida en que se sucedían los errores del programa de Martínez de Hoz y empeoraba el índice riesgo país, se agigantó también el endeudamiento público, junto con una fuga de capitales argentinos al exterior.

El dólar "barato" –mantenido artificialmente por el equipo económico aproximadamente a la mitad de su paridad histórica–, fue la legitimación de un sistema corrupto, un subsidio de todos los ciudadanos al despilfarro en manos de irresponsables. La convicción generalizada de que el tipo de cambio no podía durar impulsó a los sectores sociales con capacidad de consumo a aprovechar las oportunidades. En la temporada de verano de 1980-1981 ocuparon todas las plazas disponibles en las líneas aéreas, en una avalancha de paseos eufóricos y compras suntuarias[58]. Miles de millones de "plata dulce", comprados libremente en las casa de cambio locales, se sumaron a la deuda externa.

La sucesión de desaciertos dejó al equipo económico definitivamente sin sustento, y se desató la crisis política en el seno del gobierno militar. En 1981 el general Roberto Viola, a quien no le simpatizaban las ideas económicas ortodoxas, sucedería a Videla en la presidencia. Ante la posibilidad de que la conducción económica cediera su lugar al ala nacionalista de las Fuerzas Armadas, el pánico en la city fue mayor y todo el mundo se lanzó a comprar dólares. Martínez de Hoz no hizo nada para aliviar la incertidumbre. Se consideraba inamovible, el "único" capaz de mantener la confianza de los inversores y de llevar a la

---

había acumulado –a pesar de los ciclos de desequilibrio externo– una deuda de (sólo) 7.900 millones de dólares".

58 "Deme dos" fue sinónimo de argentino en Miami y en Nueva York. Los compradores de elctrodomésticos y afines eran infatigables.

práctica las reformas prometidas, que nunca llegarían. Además, aunque la realidad lo desbordaba por todos lados, muchos opinaban que sólo el ministro podía desmontar la "bomba financiera" que él mismo había construido. El cuadro de situación no era muy distinto a la experiencia de marzo de 1976. Martínez de Hoz, dice Jorge Schvarzer, debería ceder el poder durante una nueva y severa crisis externa originada por su propia política económica, y sin que la inflación estuviera contenida lo suficiente como para esperar una pronta estabilización. Videla, Massera y Agosti dejaron sus jefaturas respectivas a Viola, Lambruschini y Graffigna.

La asunción de Roberto Viola y el nombramiento de Lorenzo Sigaut –y de su segundo, Hugo Lamónica, devenido con los años en periodista televisivo y organizador de seminarios– y de Jorge Berardi, de la Cámara de Sociedades Anónimas como secretario de Hacienda, fue un salto al vacío, el suicidio político del ya desgastado "Proceso de Reorganización Nacional", que no encontraría ni la forma, ni el rumbo para seguir adelante.

A Sigaut, un economista hasta entonces académico y entusiasta defensor del plan de su antecesor, le cupo la ingrata tarea de destrabar lo que estaba atascado. Planteaba que si se continuaba con la estrategia de Martínez de Hoz, como algunos pretendían, el país sería literalmente barrido[59].

59 Diario *La Nación*, 23 de septiembre de 1982. Sigaut declaró a los periodistas: "No se puede continuar con el programa. No tendríamos ni rastros de las economías regionales, ni del agro pampeano, ni qué decir de las industrias manufactureras. Seríamos un país yermo, listo y preparado para ser usufructuado por quien quisiera, excepto por los argentinos".

El "cepo cambiario" se liberó con una devaluación del 30% y ante la falta de divisas y la situación en "rojo" del sector externo, dictó disposiciones para cerrar parcialmente la economía e impuso retenciones al sector agro exportador. Fueron medidas que le hicieron perder el poco caudal de confianza con que había accedido al cargo[60]. Los acreedores de la Argentina consideraban que el mundo económico se les estaba escapando de las manos a los militares y a sus funcionarios. La "confiabilidad" comenzará a ser un aspecto clave en las relaciones con el mundo del gran capital. Una vez modificada la estructura económica del país, los militares empezaban a ser un estorbo para sus negocios.

La compra de dólares seguía a paso firme, lo que obligó una nueva devaluación del 30%, el 2 de junio de 1981. Pero la durísima derrota política del sector antiliberal del gobierno de facto derivó en el desplazamiento de Viola. Lo sucedió el general Leopoldo Fortunato Galtieri, simpatizante de Martínez de Hoz formado en West Point. Con la altivez de un Patton devolvió la "confianza" al mundo de los negocios designando ministro a Roberto Alemann, cabal representante del establishment, un economista muy conocido en Washington donde había sido embajador, en la banca europea y particularmente en la suiza, con quien estaba ligado por tradición y familia.

El ministro, fiel a sus principios, decidió un recorte del 10% en los gastos de las Fuerzas Armadas –el año anterior habían ascendido a 4.000 millones de dólares– pero

---

60 Sigaut quedó abrazado a la historia con una frase inoportuna. En una declaración a todos los medios había querido tranquilizar la furia del volcán financiero, cuando la devaluación estaba sobre la mesa, con la siguiente promesa: "El que apuesta al dólar, pierde".

pronto los hechos modificarían las previsiones: A falta de mundiales de fútbol, Galtieri y el Estado Mayor decidieron "recuperar" las Islas Malvinas el 2 de abril de 1982 –en Febrero habían fracasado las últimas negociaciones con Gran Bretaña–. El gobierno argentino, un barco que ya estaba averiado, enfiló hacía las filosas costas de los mares del sur con el aval supuesto y mal entendido de los militares norteamericanos.

Varias hipótesis se han ensayado para explicar esta decisión alocada que costó la vida de centenares de jóvenes argentinos –la mayoría provenientes del interior del país–. A todo lo que se diga debe sumarse oportunismo, improvisación, desesperación e ignorancia de las férreas reglas de la política y las alianzas internacionales[61].

Pero la verdad es que todo el país se amalgamó tras la trascendencia mesiánica de la guerra. La cúpula militar montó un enorme y efectivo aparato de acción psicológica que se manifestaba a través de elementales slogans publicitarios y del discurso machacón y cotidiano de comunicadores de prensa, radio y televisión que repetían como loros los comunicados falaces del frente de operaciones.

La plaza de Mayo se llenó de fervorosos manifestantes que aplaudieron la ocupación armada. Galtieri salió al histórico balcón "peronista" a saludar a la muchedumbre y fue ovacionado con insistencia. Como un héroe romano, tuvo su minuto de gloria.

---

61 Oscar Cardoso, Ricardo Kirshbaum, Eduardo Van Der Koy, *Malvinas, la trama secreta*, Buenos Aires, Planeta, 1984, es el trabajo de investigación más vasto y significativo sobre este tema. Graciela Speranza y Fernando Cittadini, *Partes de guerra*, Buenos Aires, Norma, 1997, es la mejor colección de relatos y testimonios del conflicto.

Siete días antes miles de obreros se habían congregado en el mismo lugar para exigir mejoras salariales y cuestionar las medidas económicas. La manifestación terminó en un nuevo despliegue represivo y con un asesinado en las calles por las fuerzas de seguridad.

En medio de la guerra, un aturdido Alemann[62] fue reemplazado por José María Dagnino Pastore, ministro del gobierno militar anterior, en la década del '60. Lo secundó en el Ministerio el economista radical, luego angelocista, y ahora cavallista Adolfo Sturzenegger[63]. Domingo Cavallo asumió la presidencia del Banco Central[64]. Actuó con autonomía, manejando las riendas, "puenteando" en reiteradas oportunidades a Dagnino Pastore, definido como débil y lento, pese a su experiencia previa. Cavallo

---

62 Roberto Alemann, aparentemente, no había sido informado sobre la invasión a las islas. Se enteró en el extranjero, durante una reunión del Banco Interamericano de Desarrollo. Ese desconocimiento le costó caro a la burguesía transnacional. Es posible que Alemann hubiera podido activar algún tipo de salvaguarda de los fondos de los argentinos depositados en Gran Bretaña, bloqueados al estallar el conflicto, por largo tiempo. Algunas versiones indican que esa desinformación fue deliberada, para impedir filtraciones en los ámbitos financieros del hermisferio norte. Sin embargo, la hipótesis de la invasión argentina era conocida por los analistas internacionales varios meses antes.

63 Junto con el "gurú" Miguel Ángel Broda, será un activo defensor de las maniobras de Cavallo a lo largo de la década del '90.

64 El año anterior Cavallo se había desempeñado como subsecretario técnico-administrativo de Interior, cargo que le permitió participar en la puesta en marcha de varias medidas financieras. En la Subsecretaría conoció a Tomás Liendo, ex ministro de Trabajo de Videla, quien además ocupó la cartera del Interior con Viola. Nacido en Córdoba, Liendo dialogaba con empresarios mediterráneos y recibía las publicaciones de la Fundación Mediterránea y las investigaciones firmadas por Cavallo. Pero quien presentó formalmente al economista fue Rosendo Fraga, uno de sus principales asesores. En la década del '90 Liendo hijo acompañará a Cavallo en su ministerio.

no quería depender de nadie ni recibir órdenes[65]. Ocupó enseguida el centro de la escena, de las declaraciones, de la firma de disposiciones a medianoche –quebrando la hora de cierre de los diarios matutinos–, trabajando con el empuje y al ritmo de una locomotora[66].

Como presidente del Central implantó un control total sobre la creación monetaria. Dispuso el rescate de los títulos públicos ajustables, la eliminación de la Cuenta de Regulación Monetaria y la creación secundaria de dinero para atender las necesidades del Estado. Cavallo no necesitó modificar ninguna de las leyes de fondo. El artículo 30 de la ley de Entidades Financieras autorizaba al Banco Central a dirigir el crédito, a fijar tasas y plazos. A moverse como quisiera.

Durante 1981 las tasas activas habían superado a la inflación en un 30%. En términos generales –sintetiza, Jorge

---

65 Cabe recordar que Cavallo había sido alumno de Dagnino Pastore en varios cursos, y que el nuevo ministro lo había presentado en 1981 ante la Cámara Junior de Buenos Aires, donde se elegía a los jóvenes sobresalientes del año.

66 Daniel Santoro, *El Hacedor*, Buenos Aires, Planeta, 1994, pp. 124 y ss. El autor informa que Cavallo fue avalado –presentado– ante el presidente Bignone por el general Cristino Nicolaides, un militar de la línea dura que estaba a cargo de la comandancia en jefe del Ejército tras el bochorno de Galtieri. Nicolaides ya era conocido por la siguiente declaración: "El marxismo ha estado atacando a la humanidad desde 500 años antes de Cristo". Nicolaides fue acusado por el fusilamiento de presos políticos en el Chaco, episodio conocido como "La masacre de Margarita Belén". Cuando era comandante del III Cuerpo de Ejército, en Córdoba, Nicolaides había conocido a Cavallo a través de influyentes empresarios de la provincia. Con el apoyo de Nicolaides durante un almuerzo con Bignone, Cavallo, con 36 años de edad, deslizó ante el presidente y su grupo de asesores militares que se consideraba muy joven para conducir el Palacio de Hacienda, pero aceptó la titularidad del Banco Central.

Lorenzutti– la deuda total, pública y privada, había llegado al 150% del PBI. Un descontrol mayúsculo. Al terminar el segundo trimestre de 1982 las reservas internacionales del país no alcanzaban para responder a los próximos vencimientos de la deuda. Era la antesala, el prólogo de los difíciles días que se venían.

El 20 de agosto de 1982 México anunció la suspensión –una moratoria– de los pagos de su deuda externa. Las revistas de información general de los Estados Unidos titularon sus ediciones con "La bomba de la deuda ".

Los países del Tercer Mundo y de Europa Oriental estaban comprometidos con deudas externas por 626.000 millones de dólares, más de tres veces lo que debían seis años atrás. En los meses que siguieron, quince países –entre ellos la Argentina– procuraron renegociar vencimientos por más de 90.000 millones de dólares suscriptos con la banca comercial.

El proceso de pedir y recibir créditos se había constituido en un círculo vicioso. El proceso se llamó "reciclaje de petrodólares". Los países que compraban petróleo tomaban al mismo tiempo los fondos cedidos por la OPEP y los depositaban otra vez en los bancos internacionales, los cuales los volvían a prestar a otros países importadores de crudo. El negocio de los préstamos internacionales fue tan rendidor que los bancos norteamericanos obtenían el 60% de sus beneficios en el extranjero[67].

---

67 Naum Minsburg, *Argentina hoy: crisis del modelo*, Buenos Aires, Ediciones Letra Buena, 1995, pp. 43 y ss. El autor recuerda que en los años que siguieron a la crisis de la deuda se decretó la estabilización de emergencia. Los países establecieron restricciones a la importación, derechos de importación elevados, tipos de cambios múltiples e impuestos ineficientes. Y la inflación se disparó. El crecimiento dramático de la deuda se podrá apreciar con estos pocos datos: la deuda externa total de

Cuando se produjo la crisis de la deuda los bancos pidieron socorro al Fondo Monetario Internacional para que actuara como prestamista de último recurso. Sus directivos, reunidos en Toronto entre el 6 y el 9 de septiembre de 1982, decidieron inyectar liquidez, sin la cual algunas entidades financieras privadas hubieran ido a la quiebra. En octubre de 1982 el FMI disponía de recursos para prestar por 26.000 millones de dólares[68]. Además se dispuso la renegociación de la deuda, país por país.

Los empresarios argentinos, atrapados en el callejón sin salida del endeudamiento necesitaban una solución. Ésta vino de la mano de la transformación de la deuda privada de corto en deuda a largo plazo, con seguro de cambio. Traducido a términos funcionales, el Estado se hizo cargo de los pasivos del sector privado. La responsabilidad máxima fue atribuida, por la historia, a Cavallo, quien con el instrumento de las circulares del Banco Central se había erigido en el zar de la propiedad pública.

Ante la derrota militar, la humillación internacional, la presión interna y el fracaso económico, los militares –la cara visible del "Proceso"–, sin posibilidad de concertar una transición pactada ni de imponer condiciones

---

América Latina y El Caribe era en 1978 de 155.022 millones de dólares. En 1982, con el "estallido de la deuda" llegó a 331.470 millones y en 1994 era de 533.765 millones de dólares.

68 Op. Cit., p. 168: "Sin embargo, los compromisos de préstamo a México, Brasil y la Argentina y de un gran número de pequeños préstamos a otros miembros del Fondo, redujeron los recursos a unos 10.000 millones de dólares a principios de 1983... Para ello hubo que aumentar las cuotas de los miembros del organismo. Ese incremento fue del 47,5 por ciento, es decir 32.000 millones de dólares. Esos incrementos y otros movimientos añadieron, conjuntamente 50.000 millones de dólares a los recursos del FMI".

a la clase política que se había agrupado en la Multipartidaria, se retiraron a su "ámbito natural"[69].

En un caso sólo equiparable al de la "república de los coroneles" en Grecia, se inició una veloz transición hacia la democracia. La Argentina había sido condenada al ostracismo. Los enviados a los organismos financieros en búsqueda de asistencia crediticia eran tratados como los "leprosos" del sistema mundial. Sólo diez años después la Comunidad Económica Europea volvió a dar al país el rango de interlocutor en las negociaciones internacionales.

Firmada la rendición militar en Malvinas, el sillón presidencial fue ocupado interinamente por el general retirado Reynaldo Bignone y al Ministerio de Economía fue derivado Jorge Wehbe, otro técnico veterano conocido en el historial económico argentino. Las presiones inflacionarias recrudecieron. A fines de noviembre de 1983, a punto de asumir el gobierno de Raúl Alfonsín, la marca anual era de 400%, el doble del año anterior. Fue como revivir la agonía peronista de 1976.

Cuando concluyó el gobierno militar en diciembre de 1983, la deuda externa superaba los 45.000 millones

---

69 María de los Angeles Yanuzzi, Op. Cit., pp. 433y 434: "A principios de 1981, 50 dirigentes radicales solicitaron a Balbín, además de desafiliar a aquellos miembros del partido que aceptaran cargos en el gobierno militar, que promoviera 'las coincidencias con todas las fuerzas democráticas para unificar el reclamo del regreso al estado de derecho, la vigencia de la soberanía popular y la convocatoria inmediata a elecciones'...Así se creó, el 14 de Julio de 1981, la Multipartidaria, integrada por el PJ, la Democracia Cristiana, el MID, el PI y la Democracia Progresista... Con su creación se producía un doble efecto. Por un lado se unificaban políticamente las resistencias partidarias en contra de la dictadura y, por el otro, se comenzaba a crear una imagen unificada en la sociedad en torno a esta cuestión".

de dólares, es decir, seis veces las exportaciones anuales. La deuda externa que había recibido Martínez de Hoz bordeaba los 8.000 millones.

Luego de siete largos años de dictadura, el programa del 2 de abril de 1976 se había evaporado. Una lectura apresurada indicaría el fracaso operativo de la burguesía transnacional y del plan explícito de Martínez de Hoz, quien además no pudo privarizar ni desregular como había prometido. Pero si se analiza la magnitud de las transformaciones y la total dependencia que con su deuda externa la Argentina arrastró por su "integración" al mundo, se puede asegurar que el plan no enunciado por Martínez de Hoz resultó exitoso.

Las transformaciones estructurales que dejó el PRN condicionaron al inminente gobierno de la democracia y encajonaron nuevos intentos de políticas con desarrollo y equidad distributiva. Poco antes de las elecciones que llevaron a Raúl Alfonsín a la presidencia, Juan Alemann predijo con seguridad profética: "El próximo gobierno estará tan inhibido para actuar que, virtualmente, estará condenado al fracaso[70]."

Alemann lanzó esta afirmación pensando no sólo en los condicionamientos reales y exteriores de la economía, sino en que el peronismo volvería a triunfar, como sucedía cada vez que se presentaba en elecciones libres. La historia mostraría que sólo se equivocó de protagonistas y de partido político.

En todo este tiempo ¿qué papel asumieron las grandes centrales empresarias? Para variar, opinaron con miopía sectorial y al ritmo del bolsillo. Casi todas apoyaron sin dilaciones el golpe militar de 1976. El Movimiento Industrial

---

70 Diario *Clarín*, 3 de marzo de 1983.

Argentino (MIA) por ejemplo, partidario de la libre empresa, se oponía en un lenguaje típicamente liberal-criollo al "intervencionismo estatal" y le dio todo su respaldo a la gestión de José A. Martínez de Hoz. Pero ya en 1979 se puso la armadura contra los grupos financieros que estaban sacando provecho a espaldas de los industriales.

La Unión Industrial (UIA), intervenida por los militares hasta 1981, publicó una solicitada en marzo de 1979 donde afirmaba que el "Proceso Militar" había producido "hechos positivos de fondo que aseguran la continuidad de una sociedad organizada". Poco después Eduardo Oxenford, presidente de Alpargatas e interventor de la UIA, comenzó a recibir críticas crecientes de sus representados, que se materializaron el 2 de septiembre de 1980, Día de la Industria, en presencia del general Videla y del mismísimo José A. Martínez de Hoz. Avalado con firmeza por su pares, Oxenford cuestionó las altas tasas de interés bancarias y la política cambiaria del gobierno militar, y no dudó en advertir que este escenario hacía peligrar la subsistencia de la industria. De hecho en 1982 Tamet, la metalúrgica más grande de América Latina en la década del '20, luego de una larga agonía y desguace de sus distintas plantas, entró en convocatoria de acreedores. Finalmente, lo que quedaba de la empresa pasó a manos de ACINDAR. Las automotrices transnacionales tampoco encontraron atractivo al país. General Motors, Citröen, Peugeot y Fiat se fueron retirando a otros mercados.

Entre los representantes del campo, la Sociedad Rural, conforme con las gestiones militares, no tuvo posiciones contestarias como la de los criadores de CARBAP, que formaban parte de las Confederaciones Rurales Argentinas (CRA). Los chacareros de la Federación Agraria Argentina (FAA) fueron los más firmes oponentes de las decisiones económicas de Martínez de Hoz. La Confederación Intercooperativa Agropecuaria (CONINAGRO) criticó ardorosamente la estrategia cambiaria. Sin embargo, en un marco de descomposición acelerada, hasta la Sociedad Rural se quejó de la situación. Un solo dato permite evaluar la magnitud de la crisis del campo: en 1976 se habían vendido 21.000 tractores. En 1980, sólo 4.000.

En un país de memoria corta, los voceros del poder real, que son muchos y están bien pagados, dijeron que el ensayo neoliberal había quedado trunco porque Martínez de Hoz había dejado al gobierno "antes de tiempo". Lo mismo dijeron de Krieger Vasena, lo mismo de Cavallo. Lo que se intentaría luego de la debacle del PRN ya no tendría plafond, los proyectos populares estaban condenados por la estructura que la dictadura militar le imprimió al país, tal como Alemann lo predijo.

CAPÍTULO V

Democracia con "buena rentabilidad"

Poco después de la guerra de Malvinas Víctor Alderete, un ciudadano que buscaba incorporarse al mundo de los ejecutivos, fundó la sociedad de importación-exportación SMC. Sus socios eran Guillermo Suárez Mason y Ramón Camps. También figuraban los hermanos Wenceslao y Hernán Bunge y el abogado Roberto Fillipis. Esta vinculación revela, con la claridad de una fotografía bizarra, las turbias vinculaciones que aún hoy subsisten entre corrupción política, el mundo de los negocios y el peso y la avidez de los militares.

Pero en 1983 los flashes apuntaban al retorno de la institucionalidad democrática. Mientras los nuevos funcionarios acomodaban los retratos familiares sobre escritorios vaciados, cientos de Alderetes y Camps hacían negocios como si nada hubiera ocurrido, esperando su turno para volver al poder. A Alderete le llevó diez, la espera. Los Suárez Mason continuarían operando con bienes, propiedades, empresas y tierras saqueadas, literalmente, a sus secuestrados y torturados.

Raúl Ricardo Alfonsín ganó las elecciones nacionales de octubre de 1983. Ante el asombro de propios y extraños un remozado radicalismo accedía al poder en respuesta al pedido de paz y democracia que emanaba de la sociedad e incentivando ese clamor con una serie de promesas de dudosa factibilidad.

Era la primera vez que el peronismo sentía el dolor de la derrota en una contienda electoral libre.

Empecinado luchador en las internas de un radicalismo que en vida de Ricardo Balbín le imponía un techo a su liderazgo, creador del Movimiento de Renovación y Cambio, Alfonsín, rodeado de jóvenes militantes propios y extrapartidarios, logró presentar a la sociedad argentina la imagen de un partido rejuvenecido. Contrastaba con la galería de personajes históricos que el peronismo seguía candidateando, olvidados del tiempo y los errores.

La Argentina había cambiado estructuralmente, los burócratas sindicales estaban desacreditados y el peronismo sin argumentos para generar esperanzas en las bases populares. El Estado –siempre socio del Justicialismo– ya era percibido como ineficiente y ominoso. El mundo del trabajo, las relaciones laborales, las perspectivas de progreso de la clase obrera no eran las mismas de 1973, cuando Cámpora arribó a la presidencia como un anticipo del regreso de Perón.

Como se dijo, las crisis cíclicas cada vez más profundas habían dado vuelta la economía, la política y la sociedad argentinas. Ya no sería sencillo encontrar opciones representativas nítidas. El peronismo se presentaba envejecido y desgastado, los empresarios se habían acostumbrado a actuar en "grupos" y las fuerzas del trabajo se dividían en combativos y ortodoxos.

Alfonsín representaba una "esperanza" distinta. Una esperanza moderada para un país más moderado. El liderazgo de Alfonsín, mientras logró mantenerlo, fue racional, en contraposición al liderazgo carismático de Perón.

El origen heterogéneo y pluriclasista de los votos que consiguió el radicalismo hasta alcanzar el 52% mostraba una nueva alianza que en rigor de verdad no era monolítica ni cautiva del partido, sino el encuentro de independientes y desencantados de las opciones tradicionales, al amparo de la figura de Alfonsín. Evidenciaba además la aversión de las mayorías por la locura violenta y fuera de cauce de los '70. Los vientos de cambio huracanados de la década anterior daban paso a las brisas, tan sólo brisas reformistas que la UCR prometía.

El Justicialismo liderado por Ítalo Luder –quien se había comprometido a legitimar la autoamnistía dictada por los militares– estaba asociado, más allá de la voluntad de sus militantes heroicos, a la violencia setentista y al colaboracionismo de algunos de sus dirigentes con la dictadura militar. Éste fue un punto débil que Alfonsín denunció en todas las tribunas públicas: el nunca probado –aunque había sospechas fundadas– Pacto Sindical-Militar. El prólogo de la Constitución Nacional que el candidato recitaba como un profeta bíblico oficiaba de bálsamo para una comunidad descreída. Igual que la sobreoferta política del discurso de campaña. Juramentos sobre todo y para todos. Desde la reforma agraria hasta la revisión de la deuda externa figuraban en los 100 Puntos de la Plataforma Partidaria. Con un espíritu de lucha infatigable Alfonsín inculcó la idea de que el advenimiento de la democracia, *per se*, solucionaría todos los males del país. "Con la democracia se come, se cura y se educa", repetía hasta el cansancio. Pero los gravísimos problemas de la Argentina requerían muchísimas cosas más, naturalmente.

Bernardo Grinspun accedió al cargo de ministro de Economía quizás menos por su capacidad técnica que por su entrañable amistad con Alfonsín. En su primer día de trabajo recibió un verdadero shock al leer los números de la economía, escamoteados hasta el momento por la desbandada militar. En el último balance del Banco Central figuraban 1.600 millones de dólares disponibles, aunque en realidad había apenas un poco más de 100 millones. En el sector público se habían dispuesto, a último momento, partidas extras sobre compromisos de deuda a corto plazo, aumentos de salarios y montones de designaciones de funcionarios firmadas un mes o días antes de que Grinspun pisara su despacho.

Los datos disponibles de la macroeconomía marcaban que el Producto Bruto del sector industrial por habitante de 1965 era superior al de 1981. Los datos traslucían el drástico achicamiento del sector manufacturero, y un explosivo crecimiento del área servicios. La fuerza laboral industrial era 30% menor que en 1975, un año antes del golpe militar. El salario real había mermado un 15% y el desempleo merodeaba el 10%. El gasto público insumía el 50% del Producto Bruto Interno, que había dejado de crecer. El panorama era desolador: desinversión, especulación, fuga de capital humano y escape del capital financiero.

Las pequeñas y medianas empresas, máximas generadoras de empleo, habían cesado en su mayoría tras el paso de Martínez de Hoz, hostigadas sucesivamente por la apertura febril de la economía y el costo financiero usurario. Algunas firmas lograron sobrevivir al peso aniquilador de las tasas de interés vendiendo parte de sus activos fijos, o achicando estructuras, por ejemplo con la eliminación de las áreas de investigación y desarrollo, dejando en la calle a ingenieros y técnicos de nivel internacional. Con ellos emigró el conocimiento y la capacidad para vertebrar cualquier tipo de propuesta industrial autónoma. Sólo unos pocos representantes de la burguesía nacional sortearon el acto quirúrgico de la transnacionalización o la transformación de su actividad en trabajo satélite de empresas extranjeras[1].

Grinspun se aferró a ciertas políticas activas que estaban en retirada a nivel mundial por el auge de la "revolución conservadora"[2]. Además de ir a contrapelo de la corriente económica mundial, no podía respaldarse sobre un Estado crónicamente deficitario[3], ni sobre un sector productivo atribulado, sin el entusiasmo empresario de una burguesía emprendedora, imaginativa y dispuesta a todo.

El objetivo redistributivo de Grinspun, con el visto bueno de Alfonsín, seguía una lógica política y social. Pero los efectos de la recomposición del poder adquisitivo del salario –en 1984 creció un 25%– fueron poco eficaces, en un contexto en que los empresarios poderosos se mantenían expectantes, especulativos, afectados por la inercia inflacionaria. Preferían remarcar a producir más. La capacidad instalada herida y obsoleta por la desinversión en tecnología tampoco podía reaccionar con rapidez y eficiencia a la creciente demanda.

---

1 Jorge Schvarzer, Op. Cit., pp. 289 y ss.

2 Mantener el pleno empleo con gasto público, conservar la planta de empleados estatales, incluso ampliarla, mantener altas las barreras arancelarias para productos industriales, aplicar altas retenciones a la exportación de productos tradicionales y no encarecer las tarifas de servicios públicos en manos del estado. Una política keynesiana.

3 Bajo la gestión de Grinspun –aunque procuró poner barreras al déficit heredado– el sector público creció en número de agentes. Los empleados nuevos, como siempre, eran el pago a los compromisos contraídos con la militancia.

Las evaluaciones posteriores de la gestión de Grinspun coinciden en que su lectura de la situación fue errónea, por lo cual las medidas que dispuso, eficaces en otro contexto, sólo agravaron los problemas[4].

Los empresarios estaban "desorientados" por las señales del Ministerio de Economía que no hacía más que echar nafta al fuego inflacionario. Además, el intento fallido del radicalismo por democratizar las estructuras sindicales –rechazo de la ley Mucci– lo obligaron no sólo a negociar con los perennes dirigentes, sino a mostrar los primeros signos de flaqueza. Para los empresarios ésta era una señal: la amenaza sindical-peronista no estaba desactivada. Se mantenía viva y con poder .

Grinspun tomó a la UIA como interlocutora del empresariado puesto que estaba convencido de que el cambio de estatutos de 1981 la había hecho más representativa. Por esto mismo los grandes empresarios recelaron de la llegada de los advenedizos. A poco de andar la central patronal comenzó a hacer oposición al gobierno, acercándose incluso a la CGT[5]. La central obrera reaccionó con Saúl Ubaldini a la cabeza, con el anuncio de un paro general para el 3 de septiembre de 1984.

El canciller Caputo, lo mismo que el secretario de Industria Carlos Lacerca, juzgaban que era imposible gobernar si no se tenían en cuenta los intereses económicos

---

4 Joaquín Morales Solá, *Asalto a la ilusión*, Buenos Aires, Plantea, 1990, p. 250: ¿Por qué iba [Alfonsín] a rechazar a Grinspun si su amigo le hablaba de soluciones fáciles e inmediatas, que sonaban como una melodía perfecta a los flamantes oídos presidenciales? Con Grinspun, el control de la economía estaría en manos confiables y él podría dedicarse a la enorme gesta política que le esperaba.

5 Esta actitud de la UIA aceleraría la aparición de nuevos grupos de representación, inorgánicos pero efectivos.

dominantes que podían minar las políticas activas del ministro de Economía. En ese sentido ya hacía tiempo que venían anudando lazos para armar una nueva institución que representara al empresariado nacional, "a la brasileña". La idea no se pudo materializar, no todavía. Cayó la inversión en la construcción y fue sorprendente la contracción en la inversión bruta fija general –en 1983 equivalía al 60% de la inversión de 1980–.

Alfonsín y Grinspun eran asesorados por Raúl Prebisch, responsable de los primeros acercamientos del gobierno radical con las instituciones financieras internacionales[6]. Todo un tema porque después de la guerra de Malvinas la Argentina había ingresado a la categoría de nación habitada por "locos, violentos e imprevisibles". Con esa calificación, la dureza de los organismos financieros se hacía sentir. Al mismo tiempo los empresarios extranjeros le avisaban al gobierno argentino por intermedio de Dante Caputo, que había iniciado innumerables contactos en los Estados Unidos, la imposibilidad de invertir en un país con una tasa de inflación del 1.000% anual, que a su vez determinaba permanentes aumentos en las tarifas públicas y ajustes en las tasas de interés y del tipo de cambio.

El frente externo con nubarrones, los empresarios locales replegados, una oposición que recién se empezaba a rearmar y el sindicalismo en pie de guerra describen ajustadamente el panorma negro del momento. Pero por encima de todo el radicalismo tenía que resolver el problema más

---

6 Raúl Prebisch fue el patriarca del estructuralismo y sostenedor de la Comisión de Estudios para América Latina (CEPAL), un economista "histórico" en el continente y creador del Banco Central de la República Argentina a comienzos de los años '30. En este último período de su vida fue variando su pensamiento económico hacia ciertas concepciones cercanas al neoliberalismo.

caliente, el que más afectaba la marcha normal de la economía y los planes expansivos del ministro. La deuda externa revelaba toda su ominosidad. Grinspun fue dilatando los encuentros con el FMI hasta que tuvo que viajar a los Estados Unidos donde mantuvo entrevistas con 11 bancos que representaban a 320 acreedores externos.

En esencia, Grinspun creía que la deuda no se podía pagar en la medida que el país recibía cada vez menos ingresos por sus productos de exportación[7]. Las propuestas y definiciones del ministro argentino les resultaron inaceptables.

Luego de la siguiente visita de una misión del FMI a Buenos Aires, los bancos se resistieron a otorgar al país 1.000 millones de dólares sobre un total de 1.500 ya acordados en septiembre del año anterior. El ministro devolvió la "gentileza" denunciando que las tasa de interés en los mercados internacionales era impagable. Lo dijo en Nueva York ante la Cámara Argentino Norteamericana de Comercio. Desde dentro y fuera del radicalismo Grinspun debió soportar críticas muy severas contra sus asesores Aldo Ferrer y Daniel Larriqueta. Los acusaban de desconocer el funcionamiento de las finanzas internacionales. A cambio, un grupo de economistas de la línea ortodoxa, vinculados a las grandes empresas y a grupos financieros externos "recomendaron" al ministro atender los servicios de la deuda y aceptar la asistencia del FMI a partir de un programa de reformas estructurales. Los "notables" eran: Roberto Alemann, Adalbert Krieger Vasena, Arnaldo Musich, Conrado Helbling y Jorge Aja Espil. Musich,

7 Para Grinspun, el ahorro interno se aproximaba a los 3.500 millones de dólares, mientras que los intereses de la deuda externa arañaban los 5.300 millones.

ex militante del nacionalismo y del desarrolismo, encarcelado en 1962 por el gobierno militar, era y sigue siendo un funcionario de alto rango del grupo Techint. Helbling, proveniente de las filas del radicalismo, no se perdía ninguna reunión social organizada por el FMI. Era asesor financiero y un experto asiduamente consultado por inversores europeos y norteamericanos.

Ese año, y antes del cambio de política económica, un empleado estatal que ganaba un sueldo magro ingresó como asesor al Banco Financiero, una pequeña entidad que absorbió al Banco de Crédito Argentino en una operación polémica, favorecida por los directivos del Banco Central. El amigo de Fernando de la Rúa comenzaba a tejer sus lazos con el establishment financiero. En ese entonces los poco conocidos radicales Fernando de Santibañes y el periodista de Ámbito Financiero "Tata" Yofre no sabían que con el tiempo, ambos, serían jefes de la SIDE.

Quien sí era célebre por su ultraliberalismo y por su amistad con el candidato a senador De la Rúa era Emilio Cárdenas, un influyente abogado vinculado a la banca y los negocios norteamericanos, a los cuales atendía desde su estudio, junto a Luis María Otero Monsegur (h), encumbrado en el Banco Francés hasta su venta a la banca española. Antes Cárdenas estuvo asociado al estudio Klein-Mairal, famoso por su responsabilidad en el caso Ítalo. Se dice que Cárdenas financió parte de la carrera política del senador cordobés[8].

Otro personaje que se iniciaba en la política era Alberto Kohan, a quien por esa época se le dictó prisión

---

8 Isidoro Gilbert, *El largo verano del 91*, Buenos Aires, Legasa, 1991.

preventiva por la quiebra del Banco Vicente López. Un país generoso como la Argentina le daría nuevas oportunidades. Sería uno de los operadores políticos más activos y privilegiados de la corte de Carlos Menem.

En marzo de 1984 Alfonsín sorprendió a su propio partido nombrando secretario de Estado a Hugo Barrionuevo, un dirigente sindical dialoguista, para normalizar las elecciones en los sindicatos. La designación, un dato menor considerado aisladamente, significó en perspectiva el primer paso del giro que lenta pero inexorablemente daría la UCR en todos los planos, es decir, acordar con aquellos que no podía doblegar y abandonar la estrategia de confrontación con la "Argentina vieja de las corporaciones".

En consonancia con la nueva estrategia y pese al "imperativo categórico radical", tres meses después de su tozuda negativa Grinspun tuvo que refrendar las condiciones del FMI para obtener un crédito stand by, lo que ayudó a mejorar los vínculos con la inversión extranjera y aliviar la fiebre del índice de precios –la inflación trepó del 160% al 400% y el déficit fiscal pasó del 4% previsto al 14%–. Pero Bernardo Grispun, dueño de un especial sentido del humor, cascarrabias y frontal, víctima de un vendaval dentro del gabinete, se tuvo que quedar en su casa en febrero de 1985. Era la hora de los técnicos que bajo la dirección de Juan Vital Sourrouille reemplazaron al ministro "desactualizado".

Sourrouille puso en práctica el abortado plan de Caputo, Lacerca y Roque Carranza, esto es, la convocatoria a los empresarios más poderosos del país para dialogar y concertar el rumbo económico. Durante el primer semestre de 1985 se concretaron las primeras reuniones con los empresarios que terminarían dando forma a un grupo inorgánico –no institucional, como se planteó en principio–, en el cual la administración de Alfonsín depositó sus esperanzas. El presidente anhelaba haber encontrado un sustento para motorizar un nuevo proyecto de desarrollo, pero los "Capitanes de la Industria", nacieron para conservar sus posiciones, para "asegurarse" que la democracia no perturbara la forma de hacer negocios que los había depositado en la cumbre del poder económico[9].

A fines de 1985 Alejandro Bulgheroni organizó con el operador político por excelencia del gobierno de Alfonsín, Enrique "Coti" Nosiglia, un encuentro entre los "Capitanes de la industria", dirigentes sindicales y funcionarios del gobierno, entre los que estaban Marcelo Da Corte, Pedro Trucco, Marcelo Stubrin y Mario Brodersohn, todo en nombre de la Concertación, nueva designación del pacto social, del acuerdo nacional.

Como fuerte señal al mundo económico, los empresarios fueron invitados a viajar a los Estados Unidos en ocasión del lanzamiento del Plan Houston, por medio del cual se invitaba al capital nacional y extranjero a invertir en la exploración y explotación de áreas petroleras[10]. Cada

9 Pablo Madanes, de Aluar, en entrevista con Pierre Ostiguy declaró: "El grupo de los Capitanes de la Industria sigue siendo un grupo ad hoc, que trata de actuar con cierta organicidad pero que más que nada es una respuesta a la no conformidad o no satisfacción plena de la UIA como grupo de presión. Sobre todo porque allí hay demasiados intereses contrapuestos."

10 Las 19 empresas –o grupos– y los concurrentes a ese viaje y a las reuniones que siguieron entre 1985 y 1987 eran: ACINDAR (Manuel Gurmendi); Astra (Ricardo Gruneisen); Bagley (Jaime Núñez); Bagó (Sebastián Bagó); BGH (Julio Hojman); Astarsa (Eduardo Braun Cantilo); Bridas (Alejandro, Carlos Alberto y Alejandro Jr. Bulgheroni); Bunge & Born (Miguel Roig y Néstor Rapanelli); Cartellone (Ernesto Cartellone);

una de estas empresas o grupos controlaban a su vez una cantidad enorme de actividades productivas como resultado de la concentración que la dictadura militar había generado. Por ejemplo la petrolera nacional Bridas, que en 1975 ocupaba el lugar 78 en el ranking, desde que el PRN la beneficiara con la promoción industrial, sobre todo en su empresa de celulosa Papel del Tucumán, llegó a ubicarse en 1985 como el quinto grupo en importancia y la tercer empresa privada más grande del país. Estaba conformado por 35 empresas.

En general se puede decir que los "Capitanes" pertenecían al sector productivo mientras que el sector financiero seguía representado por el CEA. Sin embargo la concentración económica y las ramificaciones de los grupos irían desdibujando fronteras, aún las que separaban a liberales de nacionalistas. Alfonsín los convocó el 22 de abril de 1985 en la quinta de Olivos para que los empresarios ratificaran su apoyo incondicional al sistema democrático, jaqueado por los primeros intentos golpistas. Como lo expresara el presidente en esa oportunidad "únicamente dentro de este sistema podrían concebir el desarrollo de sus empresas". Como contrapartida los hombres de negocios solicitaron cambios en el rumbo de la economía, "para que retorne la confianza en el ámbito productivo", dijeron. No casualmente cuatro días después, en un acto en Plaza de Mayo, el presidente Alfonsín pronunció una de las primeras frases célebres de su mandato: pedía

---

Celulosa Jujuy (Guillermo Livio Kuhl); Ledesma (Martín Blaquier); Loma Negra (Amalia Lacroze de Fortabat); Macri (Francisco Macri y Jorge Haiek); Fate; Aluar (Manuel Madanes); Massuh (Amin Massuh); Perez Companc (Vittorio Orsi y Oscar Vicente); Impsa (Enrique Pescarmona); Roberts/Alpargatas (Javier Gamboa); y Techint (Carlos Tramutola, Roberto y Agustín Rocca). Cfr. Pierre Ostiguy, Op. Cit., p. 132.

a una multitud multipartidaria, congregada en apoyo de la democracia, apechugar frente a las desventuras de una "economía de guerra".

La jugada política de Alfonsín, concentrado en su máximo objetivo que era el restablecimiento pleno de la democracia, tenía lógica: Había que desarticular el eje poder militar-poder económico, máximo responsable histórico del quiebre de la institucionalidad, aún a costa de algunas inequitativas concesiones a los grupos de concentración económica.

Horas antes de anunciar por los medios el Plan Austral, el ministro de Economía se reunió con catorce empresarios para anticiparles las nuevas medidas. Bulgheroni, Gamboa, Haiek, Kuhl, Orsi y Roig fueron los más activos representantes de los "Capitanes" en esta etapa.

A diferencia de su antecesor, Sourrouille ya venía reconociendo desde su anterior cargo de secretario de Planificación –había firmado un documento titulado "Lineamientos de una Estrategia de Crecimiento Económico"– que la economía nacional había cambiado estructuralmente, que estaba encorsetada por un serio condicionamiento externo, a la vez que el Estado no estaba en condiciones de motorizar, por sí solo, un proceso de acumulación. Por este motivo, la apelación al "empresariado nacional" para que se comprometiera con el plan, parecía ineludible[11]. El documento proponía un Plan con metas moderadas, un crecimiento del 4% contra un 8%

11 En realidad Sourrouille concebía un modelo mixto de acumulación, ya que el Estado todavía mantenía los regímenes de Promoción Industrial, que pronto desembocarían en un escándalo de proporciones.

pretendido por Grinspun, y un riguroso cumplimiento de los compromisos externos, que hasta ese momento no habían sido bien atendidos.

La fórmula de "ajuste positivo" tenía como eje el incremento de la inversión y de las exportaciones. En consecuencia el Estado se retiraba como agente impulsor del crecimiento y ponía el futuro del país en manos de la iniciativa privada. Hacia adentro, endureció los controles del gasto público y se congelaron los ingresos de personal a la estructura del Estado. El documento era taxativo con relación a la política antiinflacionaria, condenada al fracaso si las reformas estructurales no se cumplían. La estabilidad y el crecimiento eran metas diferentes pero complementarias.

El Plan combinaba orden fiscal con el congelamiento de las variables de la economía, la creación de una nueva moneda –el Austral– y conversiones que eliminaban los intereses implícitos en créditos y deudas contraídos hasta la puesta en vigencia del nuevo Plan: la "tabla de desagio"[12]. Para acrecentar los ingresos de las cuentas públicas se elevaron los tributos al consumo y se difundió un sistema de ahorro obligatorio. A la vez se anunció que no se cubriría el déficit público con emisión monetaria sino con crédito externo, hasta un tope del 2% del PBI.

El Plan Austral no fue un ajuste ortodoxo, "salvaje", como en el pasado, ni un ajuste "sin anestesia" como el que aplicaría Domingo Cavallo diez años más tarde. Intentaba

---

12 El economista cordobés Salvador Treber sostuvo que el sistema de desagio favoreció a los empresarios, y que lo correcto hubiera sido recalcular los costos y luego congelar. El desagio abrió la puerta para que los empresarios conservaran un colchón que les posibilitara absorber los aumentos salariales, previos al congelamiento.

imponer un ritmo gradual que contemplara los serios condicionamientos externos –la deuda, la ausencia de liquidez internacional tras la crisis de la deuda– sin sacrificar el mercado interno.

Sin embargo a Sourrouile le faltó el respaldo macizo del radicalismo, atado a viejas consignas de "pureza partidaria" ni tuvo la indispensable suerte política que se requiere en estos casos: ya estaba en el candelero la presión de los militares, los sindicatos habían perdido la paciencia y los empresarios se miraban el ombligo porque ya habían captado las debilidades del gobierno de Alfonsín[13]. A pesar de todo el Plan Austral tuvo un comienzo auspicioso y un gran apoyo popular porque la inflación se detuvo abruptamente y la economía pareció encaminarse. Durante este breve esplendor el alfonsinismo alentó la actividad de los intelectuales en la vida política y en el gobierno. Rodolfo Terragno asesoraba al presidente sobre los cambios en el mundo y Juan Carlos Portantiero brindaba su conocimiento y su pluma para elaborar el célebre y ambicioso

---

13 Sourrouille y su equipo de notables –formados muchos de ellos en las universidades norteamericanas, avalados por un excelente nivel académico y con buen perfil en el exterior– encabezado por Adolfo Canitrot, José Luis Machinea, Mario Brodersohn, Roberto Frenkel y Pablo Gerchunoff, se diferenciaban de los veteranos economistas del radicalismo. Pocos años después, ni Machinea, ni Canitrot, ni Gerchunoff cuestionaron técnicamente a Cavallo cuando impuso la Convertibilidad. Canitrot, por ejemplo, admitió oportunamente: "Quizá no haya espacio hoy para repetir lo intentado en el Plan Austral (sobre todo sabiendo que a partir de fines de 1986 fue imposible para el gobierno radical sostener la presión impositiva), pero es, de todos modos, una elección política, que revela el signo ideológico y las duras relaciones de poder en el presente... Cualquier programa de estabilización debe comenzar por controlar el tipo de cambio. Cavallo aplicó a ese objetivo el instrumento de la Convertibilidad." Cfr. Adolfo Canitrot y otros, *La crisis argentina*, Buenos Aires, Fundación Omega, 1991.

discurso de "Parque Norte". Marcos Aguinis, Pablo Giussani y otros ilustres conformaban una pléyade de colaboradores que distinguieron al gobierno radical, a diferencia de la tradicional aversión que los intelectuales causaban en el peronismo[14].

En la imaginación de Alfonsín comenzó a formarse la idea del "Tercer Movimiento Histórico" –con la incorporación de los sindicalistas del "grupo de los 15"– y hasta de su posible reelección impulsada por el jefe de la bancada radical, el diputado César Jaroslavsky.

Antes de que el entusiasmo desbordara completamente a un siempre combativo y porfiado Alfonsín, el Plan Austral comenzó a hacer agua. El gran éxito inicial del Plan terminó siendo apenas un shock de confianza a corto plazo. Lamentablemente para el gobierno democrático, las reformas estructurales no llegarían.

En febrero de 1986, a ocho meses de la implementación del Plan y para frenar los "deslizamientos" de precios y el rebrote inflacionario, Sourrouille anunció la ejecución de la Primera Fase de la Segunda Etapa. Es decir, el lento descongelamiento de la economía. Esta flexibilización retomó el carácter de puja distributiva al reacomodarse los precios relativos, transformándose pronto en una veloz pérdida de confianza en la nueva moneda. Los empresarios no dieron muchas vueltas, se refugiaron en el dólar.

---

14 Rodolfo Terragno elaboró el Petrolplan, el plan Megatel e instaló en la opinión pública los proyectos de privatización de Aerolíneas Argentinas y de ENTEL. Fue la antinomia del viejo radicalismo, que no innovaba ni estudiaba, ni conocía los cambios y los avances tecnológicos. Tal vez por eso mismo el partido nunca le facilitó el espacio ni el poder que Terragno merecía, contando incluso su papel como uno de los creadores de la Alianza entre el Frepaso y la UCR y como decoratrivo jefe de gabinete en la primera etapa del gobierno de Fernando de la Rúa.

La Segunda Fase de Sourrouille se compuso de mecanismos monetarios ortodoxos: altas tasas de interés para desalentar la compra de divisas, atraso en las transferencias a las provincias, retraso salarial del sector público, etc. Se decretó un nuevo congelamiento de precios para detener la espiral inflacionaria y el equipo económico volvió a anunciar que aún estaban incumplidas las medidas de fondo.

Por esta época estalló el escándalo por los regímenes de Promoción Industrial, el caso de los "galpones" de Tierra del Fuego. Si hasta entonces quienes aprovechaban los regímenes especiales –exenciones aduaneras, ganancias, IVA– tenían el decoro de construir plantas en el interior o al menos las alquilaban –aunque jamás se encendiera allí una máquina–, en este caso batieron todos los récords: sencillamente montaban en Tierra del Fuego galpones de madera, fácilmente armables y desarmables, de un día para el otro, y los constituían como sede de industrias, cuando la verdadera producción se hacía en Buenos Aires. Y eso con suerte, porque hasta cobraban reintegros de IVA sobre productos inexistentes que acreditaban con facturas tan falsas como los productos y los galpones.

Más tarde la justicia condenó a Juan Carlos del Conte, jefe de la Aduana, por contrabando calificado. La evasión se calculó en 1.000 millones de pesos, dinero que, por supuesto, se quedaron los empresarios criollos.

Se conoció también la radicación de empresas fantasma en San Luis, caso que muestra con toda crudeza el carácter mismo de la burguesía argentina. Aprovechando la rapacidad de una provincia sumida en el atraso feudal y el despotismo, San Luis-Promoción Industrial desnudó la forma de hacer política y negocios en nuestro país. En realidad la frontera entre política y negocios se ha ido borrando totalmente.

Para tener una idea del grado de desparpajo con que se actuó en esa provincia, valgan las declaraciones radiales de Juan J. Coria, un consultor puntano que explicó, muy suelto de cuerpo, que el diario Ámbito Financiero había publicado avisos con el siguiente texto, una joya: "Vendo Decreto de Promoción en San Luis, con o sin planta industrial". Cabe señalar que los decretos los vendía el propio gobierno de San Luis acaudillado por la familia Rodríguez Saa, y que cobraba entre 50.000 y 100.000 dólares por cada uno[15].

Este negociado enriqueció a la corte de los hermanos Alberto y Adolfo Rodríguez Saa –senador nacional y gobernador de la provincia– mientras el pueblo de San Luis seguía y sigue sumido en la miseria[16].

Además, no todos los que compraban permisos establecían en San Luis, o donde fuera, empresas "de verdad". El caso de ENRO SA es paradigmático. Con sede en Villa Martelli, la ENRO, junto a Shelby Fueguina SA, Video Centro SA y otras veinte sociedades que sólo existían en los papeles, fue investigada por la DGI. La auditoría descubrió

---

15 En la última edición del programa televisivo "Telenoche Investiga", conducido por los periodistas Juan Micheli y María Laura Santillán, se mostraron imágenes de funcionarios del actual y eterno gobierno de Adolfo Rodríguez Saá ofreciendo instalaciones fabriles, cual si de agentes inmobiliarios se tratara, y vendiendo decretos de promoción con fecha retroactiva, debido a que el régimen fue eliminado por Cavallo.

16 Cuando la firma Texas Instruments fue informada que había que oblar 100.000 dólares para instalar sus plantas en la provincia, huyó despavorida.

no sólo subfacturación de maquinaria importada, duplicidad de facturación y de balances y la infaltable evasión previsional, sino que también estafaban al Estado haciendo pasar como producidos en San Luis bienes manufacturados en Buenos Aires o, increíble, directamente productos importados. Este cuadro se repitió por decenas. De hecho las fuentes de trabajo no se multiplicaron y el poco personal que las grandes firmas ocupaban en San Luis –casi todo personal administrativo y de "pantalla"– provenía de la Capital Federal.

ACINDAR, contradiciendo su intención de implementar un sistema integrado en Villa Constitución, estableció en San Luis sus fábricas de alambres de púa y galvanizado PUAR SA, de clavos Clamet SA, de alambres tejidos Tejimet SA, de varillas y alambres de fardo Fardemet SA, de mallas de hierro Indema SA y de trenzas de hormigón pretenzado Indema SA. La ley permitía que la instalación se efectuara con un 25% de inversión directa y un 75% proveniente del diferimiento impositivo, es decir que el resto de la sociedad financiaba el proyecto, a través del Estado. También autorizaba a retener el IVA sobre compras de insumos, que como las efectuaba dentro del conglomerado, duplicaba el efecto de la exención.

Una investigación de FIEL concluyó: "La diferencia de impuestos que se hubiera recaudado de no existir la Promoción Industrial asciende a 6.784 millones de dólares hasta 1987. Expresado como porcentaje de la inversión total, alcanza el 110%[17]."

17 Miguel Wiñazki, *El último feudo*, Buenos Aires, Ediciones TH, 1995. En este libro pueden encontrarse datos políticos, culturales y económicos que representan un prolijo cuadro de la situación de la provincia, reflejo descarnado de lo que acurre en el "país profundo", como su autor gusta decir.

Más allá o más acá de los escándalos, el radicalismo continuaba dialogando con los "Capitanes de la Industria". Pero hacia 1988 los "Capitanes" comenzaron a reunirse con un caudillo riojano que había derrotado en las primeras elecciones internas del Justicialismo a Antonio Cafiero. Carlos Menem, que siempre mantuvo buenas relaciones con el poder central y vio beneficiada su provincia con la Promoción Industrial, aparecía con algunas chances ciertas para arribar a la presidencia[18].

Entonces, cuando Gilberto Montagna llegó a la presidencia de la UIA como líder del MIA, la conducción económica, variando su estrategia inicial, intentó acercamientos con las fuerzas "liberales" de Montagna[19]. Pero luego del viaje de Raúl Alfonsín a Italia acompañado por los "Capitanes", donde se obtuvieron créditos para comprar maquinarias en la península –que muy poco se utilizaron–, se rompería el romance.

Representante de una de las familias propietarias de la empresa Terrabusi[20], Montagna dio en esa época una muestra cabal del cinismo de la clase empresaria criolla:

---

18 Resultó para los "Capitanes", en contra de una opinión pública que lo consideraba impredecible y volátil, un candidato más "confiable" que el "histórico" Antonio Cafiero. No se equivocaron, los "Capitanes".

19 Dos grandes corrientes funcionaban en cortocircuito constante dentro de la UIA. Una era el Movimiento Industrial Nacional (MIN), cuyos integrantes guardaban simpatías hacia el peronismo y el desarrollismo. De concepción keynesiana, estaban a favor de políticas fiscales y monetarias expansivas y de la sustitución de importaciones. La otra, el Movimiento Industrial Argentino (MIA), el ala liberal dura, apoyó las primeras medidas de Martínez de Hoz –1976-1978–.

20 Terrabusi fue traspasada durante el proceso de transnacionalización de los '90. Gilberto Montagna fue el operador de la venta por 430 millones de dólares. Poco tiempo después se convirtió en importador de helados norteamericanos y dueño de caballos de carrera.

En un programa de televisión donde era entrevistado junto a Marcelo Da Corte (DGI) y Mario Brodersohn, Da Corte le preguntó si él, empresario galletitero de tradición, pagaba sus impuestos. La respuesta fue antológica: "Muy pocos. Soy de los que eluden, no de los que evaden[21]."

El Plan Primavera que se presentó luego del desmoronamiento del Austral, surgió de un proyecto apurado que los técnicos titularon Programa para la Recuperación Económica y el Crecimiento Sostenido.

El análisis de las nuevas medidas trasluce que ya no había energías ni convicción para una transformación económica profunda y a largo plazo, como el equipo del Ministerio de Economía había pergeñado.

La lógica electoral del radicalismo primó sobre la coherencia lógica que se seguía de aplicar el "ajuste positivo" –contener la inflación sin afectar el nivel de empleo y el poder adquisitivo del salario–, para lo cual hacía falta tiempo. Además, no hay proyecto económico que se sostenga sin consenso. La debilidad política creciente del radicalismo hacía utópico un progreso en ese sentido. Sin ser un ajuste ortodoxo como los conocidos en el país, el "ajuste radical" se fue deshilachando por falta de iniciativa política y de credibilidad. A poco de andar el nuevo plan, los devaneos propios y el hostigamiento de la oposición generaron, una vez más, el "caldo de cultivo" para el descontrol inflacionario[22].

---

21 Daniel Santoro, Op. Cit., p. 41.

22 Diario *Clarín*, 22 de octubre de 2000. En una entrevista efectuada por Oscar Cardozo, el economista Guillermo Vitelli –Profesor Universitario e Investigador del Conicet– advirtió: "Llevamos medio siglo pasando de un ajuste estructural de la economía a otro. El primero fue el giro económico de Perón, que a comienzos de los '50 inicia la

Al abrir la economía a la competencia internacional, el plan buscaba exportar más, lograr competitividad y aliviar la presión que el sector privado ejercía sobre el Estado a través de subsidios, tipo de cambio preferenciales, exenciones y regímenes especiales. Para el sector externo se decidió entonces:

1) La extensión y automatización del régimen de admisión temporaria.

2) La eliminación de los derechos de exportación sobre 800 productos del nomenclador arancelario.

3) El programa de reintegro de los impuestos indirectos contenidos en las exportaciones compatibles con el GATT.

4) La reducción de los aranceles de importación sobre el hierro, el acero, productos petro y agro químicos y derivados del papel.

5) Se fijó un tipo de cambio competitivo y desdoblado –con promesa de unificación futura–.

6) Se redujeron los aranceles de importación en un promedio del 30%.

7) Se eliminaron subsidios.

Se facilitó la exportación a las Pymes.

---

seguidilla. Hay otro, uno muy chiquitito, durante el gobierno de la Revolución Libertadora, después el de Arturo Frondizi, en 1958. Después viene el de Adalberto Krieger Vasena, con el gobierno de Juan Carlos Onganía. Y en el regreso del peronismo al poder, en los '70, el frustrado "rodrigazo", intento que se concreta de verdad con (el ministerio de) Emilio Mondelli y con José Alfredo Martínez de Hoz, ya con los militares. Otra vez en democracia, tuvimos el Plan Austral con Juan Sourrouille y luego, en los '90, con Domingo Cavallo, la Convertibilidad y las privatizaciones. Si uno estudia la evolución histórica del Producto Bruto Interno ve cómo, más trarde o más temprano, cada declinación de la economía argentina se asocia a esos ajustes."

El déficit crónico de las abultadas finanzas del Estado era el principal escollo para cualquier plan de estabilización, por lo cual se dispuso el siguiente ajuste:

1) Implantar un sistema de ahorro obligatorio e incrementar la tasa del impuesto al cheque.

2) Crear impuestos sobre los combustibles y sobre las tarifas telefónicas para equilibrar las cuentas del sistema previsional.

3) Aumentar los impuestos internos y de sellos.

4) Instrumentar sistemas de impuestos federales entre provincias y Nación.

5) Aumentar las tarifas de las empresas públicas para mejorar su financiamiento. Controlar el gasto y comenzar a desmonopolizar y desregular las actividades en algunas de ellas.

6) Estudiar la factibilidad de la privatización parcial y selectiva de Aerolíneas Argentinas, ENTEL, y Ferrocarriles Argentinos.

7) Modificar la ley de "compre nacional".

8) Racionalizar la planta de empleados públicos a través de un régimen de retiros voluntarios.

En principio se establecieron precios fijos por un plazo de 180 días que eran monitoreados por el Comité de Seguimiento de Precios. La reciente ley que autorizaba las negociaciones salariales libres desligó al gobierno de negociar con los sindicatos en forma directa.

El mayor peso en la tarea de controlar la inflación recayó sobre la política monetaria. Manejando la oferta de dinero mediante la licitación periódica de divisas que efectuaba el Banco Central –mecanismo que finalmente se desbocaría hasta su anulación con las corridas de 1989– y sosteniendo la paridad cambiaria desdoblada en tres –dólar comercial, financiero y turístico–, el Estado vigilaba la compra-venta y la liquidación de divisas de los exportadores. La diferencia de precio entre el dólar comercial y el financiero transfería recursos al sector público, reimplantando, indirectamente, retenciones al sector agroganadero. De este modo el campo cargaba con el desequilibrio del mercado financiero, estimado en 5.000 millones de dólares[23]. El enojo y el boicot rural y el retraso del tipo de cambio serían los detonantes del estrepitoso final.

El plan dependía también de la obtención de un stand by inmediato de 500 millones de dólares gestionado ante el Tesoro de los Estados Unidos, un préstamo del Banco Mundial por 1.250 millones para la reforma del comercio exterior, la desregulación industrial y la reforma bancaria; de un stand by del FMI por 1.200 millones hasta fin de año y de 3.500 millones en dos años, aportados por los bancos acreedores. Las negociaciones chocaron contra tres escollos insalvables. En primer lugar, la renuncia de James Baker, secretario del Tesoro de los Estados Unidos, privó al gobierno de un "simpatizante" clave. Con los bancos privados se habían cortado los puentes por falta de cumplimiento. En el caso del FMI, la desconfianza y la falta de vigor político del radicalismo hicieron imposible

23 Fanelli y Frenkel, Op. Cit., p. 201: "Quedó establecida una regla cambiaria que en términos esquemáticos podría expresarse de la siguiente manera: el Banco Central compraba a valores del tipo de cambio comercial el total de las exportaciones agrícolas, el 50% de las industriales, mientras que por el mercado libre pasarían el restante 50% de las exportaciones industriales, las importaciones y los intereses de las deudas de los particulares. Dado que ello generaría en principio un exceso de demanda en el mercado libre (ya que la mitad de las exportaciones no cubrirían el importe de importaciones más intereses), tal exceso de demanda sería manejado por el Banco Central a través de ventas diarias de divisas de forma de mantener la brecha prevista (25%)."

la llegada de créditos. Domingo Cavallo, diputado por Córdoba y a la sazón consejero de Menem, sostenía que los centros financieros internacionales no debían ser "cómplices" del despilfarro radical, es decir, que no debían concederle créditos. Estaba claro que esperaba que el plan se cayera antes de las elecciones.

Durante las primeras semanas de aplicación del Plan Primavera, en octubre de 1988, la plaza financiera se aplacó y bajaron el dólar y las tasas de interés. El plan contaba con el apoyo de lo "Capitanes de la industria" y el rechazo del campo. Ese rechazo se hizo escuchar, y mucho, en la dureza del discurso de Guillermo Alchourrón, presidente de la Sociedad Rural Argentina, y sobre todo en la rechifla que sufrió el presidente Alfonsín durante la tradicional apertura de la exposición agroganadera de la Rural. El episodio tuvo una fuerte repercusión en los medios y en la opinión pública. Un gobierno débil se ganaba un enemigo poderoso. El mismo sector que se había opuesto con tenacidad a Isabel Perón y que había participado del boicot empresario en las primeras semanas de 1976, mostraba nuevamente, valga la imagen, los cuernos.

La tensión creció a fines de octubre cuando se avivó la pulseada por la coparticipación federal, que los gobernadores justicialistas consideraban insuficiente. Nuevamente Domingo Cavallo acusaba al gobierno nacional de desprestigiar a los gobiernos provinciales justicialistas en el debate por la coparticipación. El mes cerró con tasas de interés positivas, disminución de la actividad económica y elevación del déficit fiscal operativo. Asomaban los primeros signos de descontrol, de desconfianza y de oposición agresiva de los peronistas, a pesar de que los resultados de las medidas antiinflacionarias alcanzarían en noviembre sus mejores índices: 5,7%, contra 9% de octubre y 25 % de julio –el mes previo al plan–. Si bien la actividad productiva se había debilitado, las cuentas públicas se equilibraron aunque gracias al diferimiento de pagos previsionales y a proveedores.

En esas semanas se abriría también el debate público acerca del "dólar alto". El economista Enrique Szewach, desde posiciones neoliberales, comentaba que la situación era crítica y preocupante por el marcado desequilibrio entre dólares y australes, combinado con una situación fiscal precaria, a lo que debía agregarse huelgas de empleados públicos y concesiones obligadas del gobierno en plena coyuntura electoral. El debate sobre el precio del dólar y el estancamiento de las negociaciones externas generaron un nuevo recalentamiento del mercado financiero que se intentó apaciguar con una fuerte alza de las tasa de interés, lo que a su vez irritó a los industriales. En diciembre el gobierno rompió en forma unilateral el acuerdo de precios y tarifas aumentando el transporte público un 8,6% y las tarifas generales en un 6%. Ambas medidas obligaron a nerviosas reuniones con los "Capitanes de la industria", aliados centrales del gobierno en este trance, para preservar la estabilidad de precios.

El alzamiento militar de Villa Martelli liderado por Mohamed Alí Seineldín, que se enhebraba al collar de alzamientos que los "carapintadas" iniciaron en la chirinada de "Semana Santa", no fueron un problema político menor en un mapa que se complicaba día a día[24].

Al caluroso diciembre de 1989 le siguió un enero infernal. El copamiento del Regimiento III de Infantería en

---

24 En el periódico *Ámbito Financiero* Walter Graziano razonó: "Hoy no se podría parar una corrida cambiaria".

La Tablada por un grupo guerrillero del Movimiento Todos por la Patria (MTP) organizado por un ex jefe armado del ERP, Enrique Gorriarán Merlo, desencadenó una "retoma" de inusitada violencia por parte de las fuerzas de seguridad. El suceso salpicó al gobierno debido a la estrecha relación de Enrique Nosiglia –principal operador político de Alfonsín– con Roberto Baños, abogado del MTP muerto durante el copamiento. Los problemas parecían no acabar nunca. La crisis energética causada por una singular sequía y falta de mantenimiento –y sospechas de sabotaje– de las usinas termoeléctricas de la costanera, acrecían el nerviosismo de una población castigada. Desde diciembre hasta febrero la pérdida de confianza y la interminable negociación con el escéptico capital internacional, sumado a los factores políticos y sociales, marcaron el fin de la "Primavera", exactamente el 6 de febrero, cuando el Banco Central, que venía vendiendo en el último mes un promedio de 450 millones de dólares semanales para mantener la regulación cambiaria, se quedó sin divisas y se retiró del mercado. La perplejidad y el desconcierto dominaron la escena social. Se disparó el dólar y las corridas fueron incontenibles, a pesar de los feriados bancarios. Crispados los nervios, el candidato radical a la presidencia, el gobernador de Córdoba Eduardo César Angeloz, clamaba por la cabeza del ministro Sourrouille. Carlos Menem, ya en contacto con Álvaro Alsogaray –y antes de besar al Almirante Isaac Rojas– prometía, en caso de triunfar, un dólar alto y libre, una política sin retenciones y una cantidad de proyectos que resultaban increíbles considerando su extracción política. Ante la inminencia del fin, los "Capitanes de la industria" retiraron su apoyo. El gobierno estaba jaqueado antes de las elecciones, tal como deseaba y convenía al peronismo.

Recién dos semanas antes del comicio Alfonsín sacrificó a Sourrouille en el altar electoral. Su sucesor, el "maestro" Juan Carlos Pugliese –tal era su apodo en el Congreso–, elegido por su respetabilidad y "muñeca" política más que por su caduca experiencia económica durante el gobierno de Illia, asumió el 3 de abril de 1989. Todos lo sectores respetaban a Pugliese. El mismo Roberto Alemann, pontificó: "Su sola presencia es garantía de prudencia y confianza". Domingo Cavallo, en tono más realista, dijo: "Es el hombre indicado, pero no se esperen milagros". Pugliese, que no era hechicero, sólo atinó a aplicar medidas paliativas. De su labor queda, como símbolo del momento y de la época, una frase que coronaría su gestión ante la burguesía empresaria que le daba la espalda: "Les hablé con el corazón y me contestaron con el bolsillo".

El 14 de mayo de 1989, el binomio Menem-Duhalde se imponía sobre Angeloz-Cassella: 52% contra 40% de los radicales. La semana siguiente siguió convulsionada por una burguesía y una opinión pública internacional que observaban azorados cómo el peronismo regresaba al gobierno.

Menem y Alfonsín se reunieron con el fin de que el Justicialismo avalara las medidas económicas y trajera calma a los mercados, pero la lógica política indicaba que había que dejar que el radicalismo se hundiera en el abismo más profundo. Guido di Tella fue el encargado de comunicar que el Justicialismo "no cogobernaría". Alfonsín se dirigió por cadena nacional para comunicar lacónicamente que continuaría "solo" hasta el 10 de Diciembre. El dólar creció el 57% durante la semana posterior a las elecciones y las tasas llegaron hasta el 80% mensual. Al final de la gestión del "maestro", el dólar valía cuatro veces más, el déficit fiscal alcanzaba dimensiones colosales y se produjeron los primeros saqueos en el mercado Supercoop de Córdoba, lo que agregaba el toque de caos social que faltaba a la desquiciada realidad argentina. Este fenómeno socioeconómico se "justificaba", en el imaginario social, por un proceso de empobrecimiento que, pese al asistencialismo del gobierno –cajas PAN y otros planes de ayuda social–, fue constante. De 1980 a 1989, el porcentaje de pobres estructurales se mantuvo invariable en el 18%. Pero los "empobrecidos" pasaron del 5% en 1980 al 20% en 1989. En 1990 el 30% de los ciudadanos del país estaba en la indigencia.

Los saqueos se sucedieron en el Gran Rosario, Buenos Aires y Mendoza, dejando como saldo una decena de muertos, detenidos y la imposición del Estado de Sitio por treinta días. Empeñoso y versátil, Pugliese pasó al Ministerio del Interior y el joven economista Jesús Rodríguez asumió como ministro de Economía. En el lapso de seis semanas se dolarizó de hecho la economía, aunque ni siquiera la dolarización pudo aportar un poco de imprescindible "certidumbre" a los mercados[25].

Empresarios, intelectuales, y otros ciudadanos atemorizados pensaron seriamente en exiliarse luego del triunfo

---

25 El economista y empresario Jorge Garfunkel, con mirada benévola, atribuyó a la extrema complejidad del momento político, social y económico en que le tocó asumir al gobierno radical en 1983, sus continuos traspiés en materia económica. Sugiere que los radicales leyeron mal la realidad –plagada de agentes y grupos egoístas que buscaban posicionarse ante el nuevo panorama político–, aunque a pesar de esa torpeza, actuaron con buenas intenciones. Pero como ya se sabe: "de buenas intenciones esta empedrado el camino del infierno". Y hacía allí nos condujeron los acontecimientos. Cfr. Jorge Garfunkel. *59 semanas y media que conmovieron a la Argentina*, Buenos Aires, Emecé, 1990.

del peronismo. Muchos lo hicieron. El actor Julio de Grazzia se suicidó al conocer el resulado. El testimonio del economista Juan Carlos de Pablo resume bien los cambios de estado de ánimo por los que transitó buena parte de la burguesía en pocos meses. Confesó su paso de la depresión el día después de las elecciones, a la euforia tras las primeras reformas neoliberales del gobierno entrante[26].

---

26 Juan Carlos De Pablo, *Quién hubiera dicho*, Buenos Aires, Planeta, 1994.

Capítulo VI

Los frutos del menemato

En 1989 la curtiembre Inducuer, propiedad de Rodolfo Constantini recibió una propuesta interesante de Guillermo Nano, un hombre cercano al Banco de Crédito Argentino dirigido por Fernando de Santibañes. La curtiembre de los Constantini estaba buscando crecer y la propuesta de Nano la ubicaría en los primeros planos de Latinoamérica. Constantini como proveedor de la materia prima –los cueros–, la firma italiana Giza montando la planta y su compatriota Capra con aportes tecnológicos y la compra de toda producción, formarían la sociedad. Los dueños del BCA, Fernando de Santibañes, Ángel Gorodisch y Guillermina Hansen, la esposa del amigo de De la Rúa, fundaron Ferdar SA, encargada de financiar parte del proyecto. En 1989 Ultrafin de Suiza aceptó cubrir el resto sí y sólo sí un banco argentino aportaba los avales. El Banco de la Nación Argentina salió de garante.

Para 1992 los italianos colapsaron. Santibañes y Gorodisch ya no figuraban en la sociedad, pero Guillermo Nano sí. Junto con la esposa del Señor 5 y Carlos de la Vega –contador del BCA– habían creado empresas fiantes de los avales que dio el Nación. Cuando en 1992 el Banco Nación remitió los primeros 4.800.000 dólares al banco suizo descubrió que los fiantes eran insolventes. Las propiedades que figuraban a nombre de sus empresas habían sido vendidas sin aviso al banco. Inducuer quebró sin que llegara a funcionar la maquinaria sobrevaluada que se trajo desde Italia. El BNA se quedó con un moroso incobrable por el que aún hoy ha de pagar a los suizos. Los que quedaron "escrachados" son testaferros insolventes que firmaron papeles por desesperación económica. Santibañes niega que las fiantes no hayan pagado y dice que "en el gobierno hacen cola para pegarme". Cambiaban los gobiernos, pero las cosas seguían igual, o peor.

El menemismo fue el encargado de dar la puntada final al proceso de inserción atropellada de la Argentina en el Consenso de Washington. Una película ya vista en el país, aunque en este caso se trataría de una remake con efectos especiales, el ingreso de la Argentina al mundo globalizado fue como una actualización del pacto Roca-Runciman. Pero en la versión nueva las escenas de sexo, las relaciones carnales, se mantendrían con los Estados Unidos, no ya con una envejecida Inglaterra[1].

1 En 1989, con la promoción del Fondo Monetario Internacional y el Banco Mundial se efectuaron reuniones en Washington con funcionarios del Departamento de Estado de los Estados unidos, del Departamento del Tesoro, de los ministros de Finanzas de los países integrantes del poderoso grupo industrializado conocido como G-7, los presidentes de decisivos bancos de alcance internacional y economistas part-time que realizan investigaciones para ellos. Se establecieron consignas que tomaron cuerpo y fueron conocidas como "Consenso de Washington". Allí quedó acordada la ayuda crediticia a las naciones que sufrieran crisis financieras, siempre y cuando cumplieran con el ideario del Consenso: concluir con el crecimiento del Estado y con

Menem, en realidad Domingo Felipe Cavallo, o los dos juntos, consolidaron el proceso de acumulación capitalista prebendario de la burguesía transnacional y la destrucción final del proyecto nacional de industrialización, obra emprendida desde 1967 por Adalbert Krieger Vasena y continuada por José A. Martínez de Hoz.

"Mingo", técnico siempre dispuesto a la contienda verbal colérica recibido en Harvard, atrevido en sus propuestas –a veces contradictorias con posiciones anteriores– se abrió paso, imperial, hacia el poder, avalado por los popes del establishment financiero, productivo y multinacional y fue saludado con júbilo por los teóricos del viejo pensamiento liberal. Pero antes de que Cavallo hiciera del menemismo lo que finalmente fue, los comienzos del Justicialismo en el poder fueron inciertos y erráticos.

A poco de asumir, un eufórico Menem se dio cuenta de que no tenía un plan económico. En su ayuda fueron el "Tata" Yofre y Alberto Kohan, encargados de anudar los hilos para que el grupo Bunge & Born se hiciera cargo de la cartera.

---

las empresas estatales ineficientes; acabar con el "populismo económico" y mejorar los sistemas de recaudación impositiva. Además exige una indiscutible lucha contra el déficit fiscal, la liberalización del sistema financiero, facilidades a las inversiones extranjeras, reformas del Estado y la desregulación de todas las actividades comerciales. Para Hugo Nochteff el marco ideológico y las recomendaciones del Consenso de Washington excluyen las políticas científicas, tecnológicas e industriales, e incluso las políticas que fomenten o "fuercen" la adopción de "opciones duras" en términos de innovación, inversión y cambio social para la élite económica: "De este modo, la ola ideológica del establishment de Washington converge con el comportamiento socioeconómico de las élites económicas de Amércia Latina, reforzando las restricciones y las tendencias que –nuevamente– impiden la emergencia de una economía de desarrollo." Hugo Nochteff, Op.Cit, p. 113.

Las dificultades de esta asociación se manifestaron rápidamente. La ola de denuncias y rumores de corrupción que levantaba el menemismo y su entorno amenazaban terminar ya no con cualquier propuesta económica, sino con la propia institucionalidad del país. Era una certeza generalizada que el 10% que había que pagar de "peaje" para la aprobación de una ley durante el gobierno radical, había superado el 20% con la actual administración. Vico y Hernández, dos adláteres sin cargo fijo del menemismo revoloteaban alrededor del presidente mientras ataban negocios de venta de leche podrida al Estado, u otros asuntos turbios que tenían como protagonista al industrial fideero reciclado en empresario periodístico y del espectáculo Carlos Spadone[2]. Luego del descontrol y la hiperinflación que liquidaron el Plan BB, Néstor Rapanelli volvió derrotado a las oficinas de la multinacional de las que nunca debió haber salido y el contador riojano Erman González quedó a cargo del Ministerio, detrás del cual Domingo Cavallo, en ese momento canciller, comenzaba a manejar los hilos.

---

2 Como administrador y editor del diario de distribución gratuita *La Razón*, Spadone se respalda periodísticamente en su "principal espada", Juan Alemann, el mencionado ex secretario de Hacienda de José A. Martínez de Hoz. Alemann es uno de los principales voceros de las recetas neoliberales como panacea para el país. La gratuidad de la publicación hace que diariamente miles de ciudadanos retornen a casa leyendo su columna especializada en asuntos económicos. Juan Alemann se empecina en minimizar el número de desaparecidos entre 1976 y 1982. "Usted se equivoca. No fueron 30.000, sino apenas 3.000", declaró en una entrevista televisiva.

Autodenominado "industrial argentino" Spadone se inició en la década del '70 con una fábrica de fideos en Lanús que fue a la bancarrota. También fue director de la revista peronista "Las Bases". En 1972, José López Rega quedó como director general y el economista Tulio Rosembuj lo sucedería como director responsable. Al poco tiempo, ambos serían procesados por los contenidos agraviantes de una nota firmada por Perón. Cfr. revista *Primera Plana*, 4 de enero de 1972.

Erman González inauguró su gestión con serios problemas fiscales, con fuerte emisión monetaria y con escaladas del dólar. El responsable del Banco Central, Javier González Fraga, tuvo que intervenir en la plaza de la divisa en medio de escándalos políticos y corrupción, una atmósfera pesada que no podía ocultar las rencillas en el gabinete y los rumores de renuncias de ministros.

Alberto Lestelle, a cargo de la Secretaría para la Lucha contra el Narcotráfico, comenzó a cobrar protagonismo al tiempo que los Estados Unidos veían con preocupación no sólo las narcoactividades en algunas provincias, sino en el propio entorno presidencial, como lo demostró el Yomagate. Este episodio y el Swiftgate marcaron el punto de inflexión del menemismo desbocado. El caso ya había sido denunciado en 1990 por Carlos Oliva Funes, empresario insigne de la Campbell, pero recién tomó estado público con la intervención del embajador norteamericano Terence Todman el 6 de enero de 1991. La acusación a Emir Yoma sería el detonante de la remoción de todo el gabinete de Carlos Menem.

En 1991 los Estados Unidos iniciaron una dura campaña para exigir previsibilidad al gobierno. Con Todman como punta de lanza y Emilio Cárdenas como denunciante de la "cleptocracia", Carlos Menem debió poner fin a sus raídes deportivos, a sus amistades mal vistas y coto a su transgresión bizarra.

Así que dejó caer a Ramón Saadi –salpicado por el escándalo del caso María Soledad Morales–, nada menos que al hijo de su padrino político, el célebre jefe del clan catamarqueño Vicente Leónidas Saadi y tuvo de ponerse firme con su amigo Mohamed Alí Seineldín, a punto de sofocar a sangre y fuego el último alzamiento "carpintada"[3]. Los militares nacionalistas que lideraba Seineldín se sintieron traicionados por el presidente y vieron con horror cómo se desmantelaba uno de los proyectos más ambiciosos del Ejército: el Proyecto Cóndor. Enclavado en las sierras cordobesas el laboratorio militar desarrolló durante el alfonsinismo un misil de alcance medio que los norteamericanos consideraban "peligroso para la seguridad hemisférica". Casi como un chiste de mal gusto sobre el poder del Norte, el predio del Proyecto Cóndor hoy está ocupado por la norteamericana Lockhead[4].

La Guerra del Golfo brindó al presidente Menem la posibilidad de demostrar la fe de los conversos enviando, *motu proprio*, dos naves al conflicto. Como señalara Ricardo Kirschbaum, uno de los principales columnista de temas políticos del diario Clarín: "Para decirlo brutalmente: El presidente está dispuesto a hacer aún más de lo que le pidan para obtener la sombrilla norteamericana".

La mayoría de los asuntos de Estado importantes que sucedieron en 1991 se resolvieron en el living de la casa de Wenceslao Bunge, en reuniones con su vecino y amigo el embajdor Todman, hombres de negocios, el presidente y otras autoridades nacionales[5].

Se podría decir que la previsibilidad de Menem sería inversamente proporcional al tamaño de sus patillas,

---

3 Los "carapintadas" dieron su apoyo a Menem y aunque luego lo retiraron, tuvieron con Zulema Yoma vinculaciones políticas que Seineldín aún mantiene desde su "celda" en Campo de Mayo.

4 El propio subsecretario de Planificación Económica, exponente de la "patria contratista" y ex capitán de la industria, Vittorio Orsi, alentaba la reformulación de la industria de defensa y de las propias Fuerzas Armadas, orientándolas hacia el profesionalismo, con el objetivo de luchar contra el narcotráfico.

5 Isidoro Gilbert, Op. Cit., p. 98.

aquellas que a semejanza de Facundo Quiroga, con quien se identificaba, ocupaban casi por completo sus mejillas preelectorales.

Si al actual presidente Fernando de la Rúa se le achaca haber perdido un año de gobierno, Carlos Menem debió pasar dos años de ensayo y error antes de encontrar un rumbo. Ese año será el "Ramadán" del menemismo, ese año se implantó la Convertibilidad.

En 1991 finalizaron también las privatizaciones "piloto" de las que extrañamente las empresas norteamericanas se quedarían afuera relegadas por ofertantes europeos, sobre todo de España y Francia.

Todavía bajo el ministerio de González, una alianza plurisectorial acordó el inicio del desguace final de las empresas del Estado en forma de privatizaciones. La conformaron el Partido Justicialista, la UCEDE, una parte del sindicalismo, los antiguos conservadores reconvertidos en demócratas, las corporaciones empresarias de la producción, la banca y el sistema financiero internacional. Se alegaba hipertrofia, ineficiencia, pérdida de recuros que el Estado, una vez que se quitara de encima los elefantes blancos, utilizaría en beneficio de sus funciones primarias: salud, educación, justicia, seguridad, bienestar y todo lo demás. Lo que no quieren explicar es cómo y por qué sigue siendo tanto o más deficitario como antes del descuartizamiento en nombre de la "economía popular de mercado".

Las primeras empresas privatizadas fueron ENTEL y Aerolíneas Argentinas, y ambos procesos fueron perpetrados bajo la dirección del abogado mendocino Roberto Dromi, designado por la "patria contratista", investido por el presidente como ministro de Obras y

Servicios Públicos[6]. La ley de Reforma del Estado dio el marco jurídico a la rapacidad de los oferentes y a la connivencia de los actores públicos en el asalto y apropiación de las empresas estatales. La legitimidad política estuvo a cargo de Menem y la nueva coalición.

Para darles mayor sustento a sus actos el ministro integró un consejo de notables formado por Arnaldo Etchart, Ramón Baldassini, Miguel Madanes, Fulvio Pagani, José Pedrazza, capitaneados por el mendocino Emilio Fluixá. Este consejo tenía a su vez un conjunto de "consultores" en el poder legislativo: Jorge Domínguez, Raúl Álvarez Echagüe, Moisés Fontela, Alberto Iribarne, Javier López, Marcelo López, Irma Roy y Gualbert Venezia.

La necesidad de privatizar las empresas nacionales, o la forma en que se llevaría a cabo, nunca fue motivo de debate público. Una violenta campaña en los medios de comunicación sobre la ineficiencia y dispendiosidad de las empresas bastó para que las privatizaciones se llevaran a cabo.

ENTEL fue la elegida para el debut, y como tal debía concretarse sin dilaciones. Para esa tarea Menem confió en María Julia Alsogaray, una suerte de "dama de hierro" vernácula. Si Dromi fue el teórico y quien facilitó el trámite legal de las enajenaciones públicas, el autor ideológico, María Julia fue el personaje práctico, la ejecutora, la autora material del desmembramiento de la empresa de teléfonos.

El BANADE tasó a ENTEL en 3.100 millones de dólares. El poder ejecutivo valuó en 1.003,01 millones de dólares el 60% de las acciones de la empresa, y fijó la base

6 Roberto Dromi, José Luis Manzano, Eduardo Bauzá, Eduardo Menem formaban el núcleo de "intelectuales" denominado "celestes".

mínima de los oferentes en 214 millones –114 la zona sur y 100 millones la zona norte–. Luego de varias prórrogas, catorce empresas se presentaron a la licitación:

Ascon Hasler LTD
Midland Bank
Stet Societá Finanziaria
Telefónica de España
Citibank
Siemens AG
Pecom Nec
Cable and Wireless Public
France Cable et Radio
Cititel
Citicorp
Nynex Co.
GTE Corporation
Bell South

Para la precalificación de antecedentes se presentaron siete operadores telefónicos:

Cable and Wirless Public Limited de Gran Bretaña.

Telefónica de España, junto a Citicorp y Techint.

GTE Corpotation de los Estados Unidos.

France Cable et Radio, cuyo agente financiero era el Credit Lyonnais.

Ninex Corporation de los Estados Unidos.

STET de Italia y France Telecom financiadas por J.P. Morgan.

Bell Atlantic de los Estados Unidos, con el Manufacturers Hannover Bank, Cititel y Blaston Trading, empresa ligada al grupo Garfunkel.

Luego de la selección que implicó una negociación por los waivers[7] para que la banca acreedora autorizara a la Argentina a vender sus activos en ENTEL –puesto que eran garantía de pago de la deuda externa–, tres fueron las finalistas:

Telefónica de España, junto al Citicorp y Techint[8] fue el mayor oferente con 114 millones por la zona sur, más 2.720 millones en títulos de la deuda externa –1.180 de capital y 540 por intereses–. Para la región norte ofreció 100 millones en efectivo y 2.308 en títulos –1.850 más 458 por intereses–.

Bell Atlantic con el Manufacturers Hannover Bank, junto a Cititel y Blaston Trading, Siar, Cofipa, Cadisa y Welber Insúa, resultó segundo con una oferta de 100 millones en efectivo y 2.228 millones en títulos de deuda –1.856, más 371 por intereses–. Bell sólo ofertó por la zona norte.

STET, France Telecom, Perez Companc y el J.P. Morgan como financista quedaron terceros en la región norte por su oferta de 100 millones de dólares en efectivo y 2.101 millones en títulos –1.750 más 350 por intereses–. Y segundos en la zona sur con 114 millones en billetes y 2.333 millones en títulos –1.944 y 389 por intereses–.

Bell Atlantic ganó la zona norte luego de reforzar su propuesta en un millón de dólares en bonos de la deuda

---

7 En el lenguaje económico de los organismos financieros internacionales significa "el perdón". Frente a los incumplimientos de las metas en los acuerdos con el Fondo Monetario, un mecanismo que pueden pedir los Estados es el waiver. Siempre se conceden o se renegocian los acuerdos.

8 El Citibank venía comprando bonos de la deuda desde 1988. En cambio el Hannover tuvo que salir a conseguirlos en poco tiempo, lo que le generaría grandes inconvenientes. A todas luces el Citibank era un socio estratégico superior al Hannover.

a Telefónica de España, que se quedó con la zona sur. Una vez adjudicadas las zonas quedaba por resolver la forma y el contenido de los contratos. La tarea incluía puntos álgidos como quién se haría cargo de los 1.900 millones de dólares de deuda de ENTEL –1.400 de deuda externa y 500 de deuda con los contratistas nacionales–, y qué hacer con la Compañía Argentina de Teléfonos (CAT) que brindaba servicios telefónicos en seis provincias –la concesión había expirado– que ahora quedaban en el radio de acción de la Bell. Además había que definir quién se haría cargo del costo de la transferencia de activos de la CAT. Para tal fin se reunieron los abogados de las firmas ganadoras, los abogados de ENTEL y los del MOSP. Para entonces la interventora Alsogaray aplicó dos ajustes del 25% y 30% a las tarifas telefónicas y sugirió a la población que si consideraba caro el servicio, "varias familias podrían compartir un teléfono para reducir costos".

Fijada la fecha de traspaso de la empresa estatal a manos privadas, se trabajó a pleno para reunir los bonos de deuda y terminar los contratos. En la primera tarea Bell se vio en serios aprietos ante las dificultades de su soporte financiero, el Manufacturers Hannover, para juntar bonos de deuda por el valor acordado. Carlos Agote, gerente general del grupo financiero en la Argentina –dirigido por Walter Burmaister y representado legalmente por Emilio Cárdenas– le solicitó a María J. Alsogaray una prórroga de 60 días en el plazo de traspaso.

Hasta la banca Morgan fue tentada por Bell para reemplazar al Hannover. Idas y venidas pusieron a STET en alerta. El propio Menem –junto a Felipe González– anunció desde Nueva York que la Argentina no tendría problemas en entregar toda la empresa a Telefónica de España hasta que STET estuviera en condiciones de asumir la zona norte.

María Julia operaba en favor de Bell. Negociaba una flexibilización en los pagos en bonos aduciendo que la Guerra del Golfo introducía un factor inesperado en los bancos comprometidos. Para el 1 de octubre el Hannover sólo tenía el 50% de los bonos necesarios. El 2 de octubre Javier González Fraga, presidente del Banco Central anunció que el 67% de los waivers estaban en su poder, lo que daba vía libre a la operación. Menem puso como límite el 4 de octubre para que el Hannover presentara los títulos, de lo contrario la adjudicataria sería STET. José Luis Manzano se reunió con el canciller italiano en Nueva York, Gianni de Michelis, para que STET estuviera preparada. El día 4, a las 6 de la tarde, el ministro de Economía Erman González, el de Obras y Servicios Públicos Roberto Dromi, la interventora Alsogaray, los representantes de las empresas Telefónica de España, Bell y STET, frente al escribano general de la Nación, leyeron los contratos. La Bell fue eliminada pese a que había amenazado con iniciar juicios contra el Estado y al lobby del embajador Terence Todman. La decisión del presidente fue irrevocable: afuera Bell, adentro STET-France Telecom.

Para que STET estuviera en condiciones, se prorrogó la firma de los contratos hasta el 15 de octubre y la posesión 30 días más. El 8 de noviembre de 1990, luego de discutir la forma en que se ajustaría la tarifa y otros tecnicismos, se firmaron los contratos en la Casa Rosada. Cada empresa festejó por separado y a su modo. STET-Telecom celebró una misa de acción de gracias en la iglesia del Socorro. Telefónica-City-Techint organizó un fastuoso ágape al que asistió una deslumbrante María Julia Alsogaray.

Todavía quedaba sin definición el asunto de la CAT y los 1.200 millones de deuda de un fantasma llamado

ENTEL residual. Tampoco había respuesta para los 1.000 trabajadores de la obra social de ENTEL que quedaban cesantes.

Todo el proceso privatizador estuvo dominado por el apuro, sin una estrategia clara del Estado que parecía no haber fijado objetivos. Los pedidos y condiciones de los nuevos dueños se impusieron inexorablemente frente a un Estado débil, movido por la facciosidad, la corrupción y la impunidad.

El gobierno había prometido invertir el dinero de la privatización de ENTEL en salud y educación, pero el 60% se usó en pagos de la deuda externa y el 40% restante se perdió en los vericuetos contables de la administración pública. En diez años Telefónica y Telecom ganaron 6.204 millones de dólares. Recuperaron el total de la inversión durante los primeros cuatro: todo un récord mundial[9].

Aerolíneas Argentinas padeció un proceso similar, aunque con efectos casi letales que perduran hasta el presente.

La idea de privatizar, al menos en parte, la flota de bandera nacional, se remonta a 1987. En realidad Rodolfo Terragno no proponía una privatización sino una asociación con Scandinavian Airlines Systems (SAS). El ministro de Obras Públicas de entonces argumentó que el Estado no contaba con la capacidad financiera suficiente para hacerse cargo del mantenimiento y mejoramiento de la flota, y que la desregulación de los cielos aplicada por los Estados Unidos, que se implementó en Europa en 1992, eliminaría a las líneas pequeñas o serían absorbidas por las más grandes. Para Terragno SAS, una de las grandes de

---

9 Diario *Página 12*, Suplemento Cash, 26 de noviembre de 2000, nota firmada por Alfredo Zaiat.

Europa, se perfilaba como socio ideal en la batalla que se venía. Además el traspaso del 49% de las acciones de Aerolíneas aseguraba tanto la supervivencia de la empresa como su control por parte del Estado. Pero en 1988 el radicalismo perdió la mayoría parlamentaria y el Justicialismo aplazó la cosa para el nuevo período presidencial. Eduardo Menem diría en los debates parlamentarios generados por el proyecto de Terragno: "La monopolización es peor en manos privadas que en manos del Estado. La iniciativa de Terragno no privatiza sino que desnacionaliza."

A poco de asumir, Menem entregó a Iberia 51% de las acciones de Aerolíneas Argentinas, es decir, el porcentaje necesario para su control. El 2% quedaba a nombre del doctor Alfredo Otalora, galeno argentino residente en Barcelona, y el resto en manos del Estado. Los argumentos para la privatización debían leerse en la ley de Reforma del Estado que pretendía reducir la deuda externa a través del sistema de capitalización, y achicar el gasto público –los tres últimos ejercicios de Aerolíneas habían sido superavitarios en 30 millones de dólares–. Los pliegos licitatorios se hicieron a medida del consorcio Iberia-Pescarmona[10]. Dromi mantuvo reuniones con los embajadores Terence Todman –American Airlines, Estados Unidos–, Ludovico Inciso de Cámera –Alitalia, Italia– y Carlos Bassols –Iberia, España–, aunque finalmente el consorcio español fue el único que se presentó a concurso. Originalmente el grupo estaba formado por Iberia y un grupo de empresas nativas integradas por Enrique Pescarmona, Pott, Bonansea, Aldrey Iglesias y Luis Zanon.

---

10 Enrique Pescarmona ya conocía al ministro. Había sido cliente de Dromi cuando aún era abogado en Mendoza.

La fijación del precio de venta fue nada más que el principio del proceso de privatización más escandaloso jamás llevado a cabo. El BANADE tasó en 529 millones de dólares el precio del 85% de las acciones de Aerolíneas Argentinas. A precio de mercado ése era apenas el valor aproximado de las 29 aeronaves de la empresa. La mitad podía pagarse en bonos de deuda externa a valor nominal –no de mercado–, lo que significaba otra pérdida grave para el patrimonio nacional. Además se eximía de impuestos a la nueva empresa por cinco años y el Estado le cedía los recursos del Fondo para la Renovación de la Flota. Entre gallos y media noche Dromi hizo firmar a Menem el decreto 461 que aprobaba la operación. El parlamento –cuya comisión bicameral de seguimiento de las privatizaciones nunca fue consultado– pidió una interpelación al ministro a través de los diputados Germán Abdala y Raúl Álvarez Echagüe. Como consecuencia algunas cláusulas irritativas fueron cambiadas: el precio final fue fijado en 236 millones en efectivo y 1.500 millones en bonos de deuda. No se modificó sin embargo la cláusula que decía que el Estado argentino entregaba la empresa saneada, es decir que se hacía cargo de los 500 millones de deuda de Aerolíneas Argentinas.

El 20 de noviembre de 1990, Carlos Menem, Roberto Dromi, Erman González, Eduardo Bauzá, José Luis Manzano y Emilio Fluixá, reunidos en la Casa de Gobierno, resolvieron salvar una operación que hacía agua por todos lados, aunque se tratara de aviones y no de barcos.

Hasta ese momento Iberia había pretendido pagar el efectivo vendiendo un par de aviones a la irlandesa Peat Guiness, realquilándoselos luego. Más tarde presentó una carta de intención del Banco Hispanoamericano y finalmente, 90 días después de lo debido, hizo un depósito que estuvo al cobro el 30 de noviembre. Pero tampoco había reunido aún los bonos de deuda. Entonces Dromi engañó a la bicameral presentando un documento que llevaba la firma del entonces presidente del Banco Nación, Hugo Santilli –ex presidente del club River Plate– que acreditaba un depósito de Iberia en "fondos de inmediata disponibilidad". Era mentira.

Para que el traspaso no fracasara Pescarmona, que desde 1988 era dueño de Austral, hipotecó seis aviones de la compañía. Con eso, más los avales financieros sobre los bienes de Iberia, completaban provisoriamente los requisitos, hasta que aparecieran los avales bancarios exigidos. la "novela" se prolongó hasta junio, momento en que luego de largas negociaciones Iberia logró un descuento de 560 millones de dólares en bonos de deuda y canceló la financiación con 130 millones en bonos externos de la serie '89. Hoy Aerolíneas, con la complicidad de las dos "renegociaciones" de Cavallo en 1992 y 1993, debe 900 millones de dólares, tiene un solo avión propio, perdió rutas importantes –absorvidas por Iberia– y casi todas sus sucursales en las grandes capitales del mundo –en los Champs Élysées de París, en el Rockefeller Center de Nueva York, etc.–.

En marzo de 1990 casi 10.000 kilómetros de rutas nacionales, el 25% del total, las de mayor tránsito, fueron privatizadas, entregadas por los artilugios del ministro Dromi, quien en este caso estuvo asesorado por Mario Guaragna[11]. Se quedaron con el negocio las empresas de

11 Guaragna fue asesor de Osvaldo Cacciatore, célebre intendente de la Capital Federal durante la última dictadura. Durante su intendencia se diseñaron las autopistas urbanas y se aplicó el sistema de peaje a la que lleva al aeropuerto de Ezeiza.

la "patria contratista", las mismas que hasta ese momento se habían beneficiado con las licitaciones de Vialidad Nacional. De golpe los transportistas, el turistmo y la agroindustria tenían un nuevo "socio". Amparándose una vez más en la falta de recursos para mantener en condiciones la red vial, el Estado sirvió a las empresas privadas un negocio sin control. No existe aún un ente regulador de peajes, y Vialidad Nacional y Provincial pasaron a ser empresas prácticamente virtuales, sin poder real de supervisión. Este descontrol posibilitó, al principio, que el costo del peaje fuera del orden de los 2,5 dólares por cada 100 kilómetros, cuando la ley permitía, como tope máximo, un dólar por cada 100 kilómetros recorridos.

El "Sistema de privatizaciones Dromi", un invento argentino único en el mundo, carga sobre el usuario el 90% de la inversión comprometida por la concesionaria, más el mantenimiento de los caminos existentes[12]. Perales Aguiar-Semacar, por ejemplo, pidió 5,3 millones de dólares de préstamo al Banco Provincia de Buenos Aires. Dio, por toda garantía, la recaudación futura de sus cabinas de peaje.

La ley nacional 17.520 y el decreto provincial 9.254 dicen claramente que el Poder Ejecutivo no puede autorizar el cobro de una tarifa que supere "el valor económico del servicio ofrecido". Esto quiere decir que el peaje es un

---

12 Según un estudio del CADIA (Centro Argentino de Ingenieros Agrónomos) de 1991, con el sistema vigente los usuarios aportarán 200 millones de dólares y el Estado, mediante un subsidio, 900 millones; los beneficios perdidos por los usuarios –la tarifa pasa a ser un costo en vez de un beneficio, tal como lo estipula la ley– alcanzará los 600 millones de dólares y la pérdida de la multiplicación regional de los beneficios netos de los usuarios sumará otros 600 millones de dólares. En total la pérdida de la economía nacional ascenderá a 2.300 millones.

servicio público por el cual el usuario realiza un ahorro al transitar por caminos en buen estado, bien señalizados y con servicios complementarios. Pese a la ley vigente, ninguna tarifa nacional o provincial alcanza valores que permitan el ahorro. Por lo tanto son ilegales. Según diversos estudios las reducciones de las tarifas deberían ir del 40% al 90%, según los casos, para ajustarse a derecho. El siguiente es el listado de las empresas que se adjudicaron el negocio de los peajes, y su composición:

Semacar (Dycasa SA, Perales Aguiar)

Caminos del Oeste (Techint SA)

Nuevas Rutas SA (Decavial SA, Necon SA, Chediack SA, Sade SA)

Covico (UTE[13]) (Nordeste SA, Estructuras SA, Alfasaud SA, Enretto EC, Bacigalupi y De Stefano SA, Cocyvial SA, Copyc SA Bonfanti y Di Biaso SC, Coemic SA, Guerechet, Glikstein SA, Delta SA, ICF SA y Tecsa SA)

Servicios Viales SA (Sideco Sudamericana SA)

Covicentro SA (Roggio SA, Aragón SA)

Covinorte SA (Roggio SA, Aragón SA)

Concanor SA (Supercemento SA, Dyopasa SA, Nazar y Cía SA)

Virgen de Itatí (UTE) (Chacofi SA, EAC SA, Supercemento SA, Dyopasa SA, Nazar y Cía SA)

Rutas del Valle SA (Geope SA, Cycic SA, Luciano SA)

Camino del Abra (Balpalá SA, Sade SA, Necon SA, Chediack SA)

Caminos del Río Uruguay SA (Welbwers SA, Conevial SA, Babic SA, Codi SA, Eaca SA, Parenti Mai SA)

---

13 Unión transitoria de empresas.

Red Vial Centro SA (Roggio SA, Afema SA, Bapeto-Butilengo SA, Romero Cammisa SA, Arvial SA)

Mientras las empresas recaudan con ganancias que superan el 100% anual, el transporte se ha encarecido –se comprueba fácilmente en las facturas de la mercadería transportada–. El resultado es el previsto, una nueva transferencia de recursos de la población a los grandes grupos, pese a tractorazos, camionetazos y fuertes protestas olímpicamente ignorados por los funcionarios públicos. El entonces gobernador Eduardo Duhalde, en un dislate legal y técnico permitido por el gobierno nacional, provincializó la ruta nacional Nº 2[14].

Pese a los intentos de Erman González, el dólar libre se duplicó entre diciembre de 1990 y febrero de 1991, entonces fue la hora de Cavallo, tras el alejamiento de un ministro que se había quedado sin artillería, cercado por un mundo de especulaciones. Apenas se arrellanó en su sillón Cavallo reconoció, palabras más, palabras menos, que la privatización de las carreteras era gravosa e irracional, y que la venta de Aerolíneas Argentinas era un desastre. Pese a este sinceramiento inicial, todo siguió su curso, como Carlos Menem ordenaba. El 19 de febrero el nuevo ministro anunció el envío al Parlamento de un proyecto de ley que establecía la libre convertibilidad del austral con el dólar, eliminando los mecanismos de indexación.

---

14 La renegociación de las concesiones de peajes llevada a cabo por el gobierno de Fernando de la Rúa dejó en manos de las concesionarias 430 millones de pesos de los 500 que reclamaban en calidad de subsidios adeudados. El diputado Alberto Natale acusó al gobierno de negociar al margen de la comisión bicameral que estudia estos casos.

Aseguró el total respaldo de la base monetaria con reservas en dólares y en oro y afirmó que no habría emisión sin la consiguiente contrapartida de la divisa norteamericana. Además dijo que no iba a permitir emisión para financiar al sector público.

La estructura era, expresada en capítulos, la siguiente: Adopción de un régimen de tipo de cambio fijo –1 peso, ó 10.000 australes, igual a 1 dólar–, equivalencia entre base monetaria y reservas en moneda extranjera, política de aumentos de la tributación, política monetaria restrictiva y consagración legislativa del nuevo régimen bimonetario.

Sin entrar a discutir la flagrante contradicción entre el abecé de la economía de mercado y el pensamiento liberal –al que decían adherir a rajatabla los miembros del equipo económico, sobre todo el ministro–, y la fijación, por ley, del tipo de cambio, lo cierto es que la emisión quedó limitada por la entrada y salida de divisas. No obstante, la ley de Convertibilidad dejó abiertos, más que hendijas, amplios huecos para alterar las reglas restrictivas. Su artículo 4° autoriza a integrar las reservas de libre disponibilidad con "títulos públicos, nacionales o extranjeros" –sin respaldo en oro o en divisas–, contabilizados a valor de mercado.

Gracias a este permiso, que desató un festival sin fin de títulos públicos, las autoridades usaron Bonex –bonos externos–, es decir deuda pública, como garantía de la moneda de curso legal. Colocaron Bonex en los bancos comerciales, en lugar de depósitos en dólares, y los bancos oficiales financiaron a las empresas públicas respaldándose en Bonex depositados en el Tesoro. Cuando los bancos oficiales o privados, a través de mecanismos indirectos, reemplazan al Central como agente emisor, se trata, y no hay eufemismo que lo reemplace, de emisión encubierta.

Para hacer un balance del plan se deben tener en cuenta varios factores. En principio, que el tipo de cambio fijo, como el de la Argentina, sólo existe en un puñado de países. En las naciones globalizadas donde rigen las leyes del mercado, es decir en casi todo el mundo, el tipo de cambio es un "precio" de la economía y, como tal, está expuesto al libre juego de la oferta y la demanda. Esto no impidió que los políticos y economistas liberales vernáculos, salvo excepciones, apoyaran con ardor el dólar fijo, medida que, en otro contexto, tal vez hubieran tildado de intervencionista y populista[15].

---

15 Daniel Muchnik, *Fuegos de artificio*, Buenos Aires, Planeta, 1992 y *País archipiélago*, Buenos Aires, Planeta, 1993. Fueron de los primeros emprendimientos bibliográficos de evaluación del Plan, de sus dificultades y de sus peligros. Coincidentemente, se divulgaron trabajos firmados por Eduardo Conessa, FIDE y los informes semanales de la Consultora de Empresas Industriales (CEdEI). La mayoría de los economistas argentinos se embelesó con el Plan, y lo alabaron en todos los medios de comunicación, por lo menos a lo largo de los dos primeros años de vigencia. Esos economistas, casi todos asesores de grandes empresas fueron, además de apoyo multimediático para Cavallo ante el público masivo, un factor de influencia cotidiano en los ámbitos donde se tomaban decisiones. Algunas críticas tibias, algunas recomendaciones sutiles se escucharon recién al tercer y cuarto año del lanzamiento del Plan. La excepción a la regla del silencio y la complacencia –a costa de represalias desde el Ministerio de Economía– fueron, entre otros, los periodistas y columnistas de los diarios *Clarín* y *Página 12*, Marcelo Lascano, Eric Calcagno, Alberto Barbeito, Adolfo Dorfman, Alejandro Rofman, Marcelo Zlotogwiazda, Héctor Valle, Mercedes Marcó del Pont, Marcelo Diamand, Carlos Scavo, Daniel Novak, Marcelo Matellanes, Naum Minsburg, Daniel Carbonetto, Claudio Lozano, Artemio López, Salvador Treber, Eduardo Basualdo, Roberto Feletti, Walter Graziano, Eduardo Curia, los economistas nucleados alrededor del Instituto Argentino para el Desarrollo Económico, los economistas del Departamento de Investigaciones de la Unión Industrial, Jorge Schvarzer, Manuel Herrera, Manuel Acevedo, Miguel Khavise y otros. Durante la gestión de Cavallo, el Ministerio

También hay que señalar que al atar el precio del dólar, la Convertibilidad resolvió una gran cuestión pendiente, esto es, cómo regenerar confianza en la moneda nacional, cómo salir de un tipo de cambio significativamente atrasado, sin generar hiperinflación. Por el contrario, una apuesta importante de la ley de Convertibilidad fue la deflación de los precios. El artículo 9° estableció que las cuotas o precios de los servicios o bienes de ejecución continuada debían retrotraerse a dólares equivalentes en australes al valor de mayo de 1990. Los alquileres se fijaron en función de una complicada tabla, también retroactiva. Al mismo tiempo se eliminó toda cláusula indexatoria de la economía.

José Luis Machinea ha dicho: "Después de muchos fracasos de distintos programas de estabilización, la credibilidad de cualquier equipo económico era muy baja, especialmente en una situación donde la credibilidad política del gobierno era baja... (Cavallo) ganó un espacio donde todo el mundo se sentó a mirar lo que pasaría[16]". Y un economista riguroso y crítico como Marcelo Lascano escribió: "Cavallo y el gobierno ganan 'credibilidad' y de esto se trata para iniciar con éxito una nueva etapa. Este solo hecho confirma por enésima vez que el acierto, más que en los programas en sí, está íntimamente ligado a la atmósfera favorable que despierta en la conciencia colectiva[17]".

---

de Economía centralizó la distribución –entre los economistas criollos adictos–, de las investigaciones –muy bien pagas– solicitadas por organismos continentales o mundiales.

16 Conferencia del 22 de agosto de 1991 en la Fundación Omega.

17 Y rememora antecedentes: "La convertibilidad plena acompañó sistemáticamente a la prosperidad del primer tercio del siglo XX en la Argentina. Se implantó en 1899, pero sólo rigió plenamente desde octubre de 1903 hasta agosto de 1914 y se restableció entre agosto

Durante la primera época de aplicación del plan la economía creció, básicamente porque se partió de niveles muy bajos de actividad y sobre todo porque las masivas privatizaciones aportaron al Tesoro Nacional 20.000 millones de dólares en títulos y efectivo con lo que se cubrió el recurrente déficit fiscal, y se pagaron intereses y hasta parte del capital de la deuda externa. Además el ingreso de divisas permitió a la autoridad económica desalentar cualquier maniobra especulativa que intentara desatar el dólar. El Central podía vender todos los dólares que hicieran falta para sostener el precio.

Se podría decir entonces, como síntesis precaria, que el Plan de Convertibilidad, en realidad la ley de Convertibilidad, tuvo, en primer término, apoyo explícito de los sectores con poder de opinión, tanto de los economistas del establishment, como de la prensa especializada. Que la falta de oposición más la deflación de la economía y el freno al precio del dólar, aunque fuera por ley, generaron confianza y expectativas positivas en la sociedad, indispensables,

---

de 1927 y diciembre de 1929, en un contexto de sostenida pérdida de reservas en oro y de crisis en el mundo. El control de cambios de octubre de 1931 no es una creación burocrática, es la respuesta oportuna a la pérdida de más del 60 por ciento de las reservas áureas existentes. Se había acabado la fiesta. Entre 1900 y 1931 se importaron capitales por 3.500 millones de pesos oro y se exportaron casi 4.400 millones por servicios e intereses de esas inversiones... La experiencia de la segunda posguerra confirma que el vertiginoso ascenso de Japón y Alemania no se debió a la convertibilidad o a la regla de oro del superávit fiscal. Sus aciertos se deben antes que nada al logro de adecuadas formas de organización económica, a la consolidación del gobierno de las leyes y a equilibradas fórmulas de convivencia, que suponen la plataforma para el crecimiento, la diversificación productiva y la penetración inteligente en la economía internacional". Marcelo R. Lascano, *Reflexiones sobre la economía argentina*, Buenos Aires, Ediciones Macchi, 1996, pp. 142 y ss.

como lo señalaran Lescano y Machinea, para cualquier programa y en este caso, además, para desalentar la inflación. Finalmente, que el crecimiento de la economía de los primeros años se debió, más que a la Convertibilidad, al ingreso masivo de capitales externos y repatriados por la venta de empresas y de activos públicos.

El proceso de privatización de empresas estatales iniciado tímidamente por el gobierno radical después de 1983 encontró su forma definitiva en las leyes de Reforma del Estado y Desregulación de la Economía de la administración Menem.

Además de los casos citados, a partir de 1990/1991 se privatizaron las tenencias accionarias en la industria petroquímica, áreas centrales y secundarias de explotación petrolífera, ferrocarriles, transporte subterráneo, la distribución de gas natural, de energía eléctrica –generación, transporte y distribución–, Obras Sanitarias de la Nación, las dos siderúrgicas integradas, refinerías, oleoductos, empresas del área de defensa, el servicio de correos, aeropuertos, canales de televisión, radios, la Caja Nacional de Ahorro y Seguro y otros bienes del sector público como el Hipódromo, el Jardín Zoológico, el Mercado de Hacienda de Liniers y 800 inmuebles.

El remate del Estado introdujo modificaciones sustanciales en el mundo empresario, y promovió un aumento todavía mayor de concentración económica. Los grupos que participaron y se adjudicaron las privatizaciones llegaron a lo más alto de la cúpula empresaria. Los que quedaron fuera cayeron de categoría, perdieron status. Desaparecieron grupos económicos enteros, y consecuentemente los otrora "figurones" de las entidades patronales. Muchos conglomerados tradicionales quebraron, se vendieron, o ingresaron a la élite de las transnacionales –foráneas o en alianza con representantes de la burguesía nacional–, quienes con poderosísimas inversiones iniciaron una carrera de copamiento de casi todos los sectores atractivos –bancos, empresas industriales, alimenticias, supermercados, etc.–[18].

De acuerdo con un informe de la CEPAL, entre las 500 empresas con mayor facturación en el país en 1990, 116 eran extranjeras y generaban el 33,6% de las ventas totales. En 1995, las compañías de capitales foráneos eran 214 y 51 el porcentaje de facturación, y en 1997 llegaron a 244, con el 57% de las ventas. En 2000, más de 300 empresas extranjeras totalizan el 70% de la facturación[19]. Este proceso de extranjerización fue, sin demasiadas vueltas, "salvaje". Según el mismo estudio, el dominio de las transnacionales sobre las compañías de sus territorios de origen no supera, en ningún caso, el 20%.

Un nuevo tipo de inversionistas extranjeros, los grandes fondos de inversión y negocios, se ampliaron y dominaron

---

18 Eduardo Basualdo, *Notas sobre la evolución de los grupos económicos en la Argentina*, Buenos Aires, CTA-IDEP, 1996.

19 Entre las principales empresas con participación extranjera en la Argentina figuran: Telefónica (España y Citicorp), Telecom (Italia y Francia), Carrefour argentina (Francia), Grupo Philip Morris (Estados Unidos), Nobleza Piccardo (Reino Unido), Coca Cola (Estados Unidos), Esso Petrolera Argentina (Estados Unidos), Cargill (Estados Unidos), Volkswagen Argentina (Alemania), Ford Argentina (Estados Unidos), Fiat Auto Argentina (Italia) EDESUR y EDENOR (en un comienzo de Chile y Estados Unidos y más tarde, definitivamente, de España), Hipermercados Jumbo-Cencosud (Chile), General Motors (Estados Unidos), IBM Argentina (Estados Unidos), Movicom (Estados Unidos), Bayer Argentina (Alemania), Astra petrolera (la familia Grüneisen la cedió a España), Louis Dreyfus (Francia), Nestlé (Suiza), Aguas Argentinas (Francia y España) y Gas Natural BAN (España).

el mercado nativo. Cuatro fueron los actores principales: los capitales españoles concentrados en empresas de servicios y bancos –con 30.000 millones de dólares–, The Exxel Group, Citicorp Equity Investment (CEI) e IRSA.

El Exxel Group, que opera con fondos norteamericanos, ha invertido miles de millones de dólares en la adquisición de una amplia gama de empresas, sobre todo supermercados, productoras de alimentos y textiles, atención médica, venta de electrónica y discos[20]. Este grupo, que creció de la nada, estaba integrado en sus inicios por un directorio de lobbystas y hombres del establishment. Juan Navarro, su mentor dinámico e incansable, hizo una carrera meteórica en el Citibank hasta que llegó a los talones de Richard Handley, un tope para su ambición. Ante el escollo renunció y emprendió su propio camino.

El primer directorio del Exxel reúne, no casualmente, a muchos personajes ya citados: Emilio Cárdenas, Gilberto Montagna, Rodolfo Constantini, Alex Dub, Juan Rautenstrauch, Carlos Oliva Funes y Jorge Romero. La génesis del grupo fue financiera –Banco Mariva– y los empresarios –Montagna, Rautenstrauch– ingresaron al hacerse de capital con la venta de sus industrias a las empresas multinacionales. Como síntesis perfecta, Terence Todman es uno de los lobbystas principales del grupo. El Exxel adquirió unas 40 firmas, cuyas ventas rondan los 3.500 millones de dólares. El grupo no compra para comprometerse con emprendimientos productivos, sino que especula con ventas posteriores a mejor valor. Esta operatoria genera incertidumbre en el personal,

20 Entre tantas, Supermercados Norte, Musimundo, Panificadora Fargo, dulces y alfajores Havanna, servicios médicos SPM, OCA y OCASA y otras.

que desconoce quiénes son sus jefes, cuál será su destino o en dónde están parados[21].

El CEI se integró con el grupo financiero Citicorp, el norteamericano Hicks Group y el local República Holding, donde primaba la opinión del lobbysta Raúl Moneta, de polémica trayectoria, en especial durante el último año del menemato.

En unos pocos meses, al iniciarse los '90, el CEI tomó el control de varias cadenas de televisión –abierta y por cable– e invirtió fuerte en telefonía básica y celular, servicios de Internet y otros negocios del área viunculados con importantes empresas de medios de comunicación. Llegó a disponer de 15.000 millones de dólares en activos y sus ventas anuales merodeaban los 6.000 millones. Adquirió el 50% de COINTEL –que incluía a Telefónica de Argentina, Páginas Doradas, Miniphone, Startel, Radio-Llamadas y Telintar–. También compró el 50% de ADVANCE –formado por Compuserve, Satlink y Aki–, el 33% de Cablevisión, Datanet, Gala, United International Holdings y VCC y el 20% de Torneos y Competencias, en sociedad con el empresario Carlos Ávila y el grupo Clarín. El CEI también fue dueño de Editorial Atlántida, Telefé, radio Continental y siete canales de televisión abierta en el interior del país. Su principal alianza estratégica fue pactada con Telefónica de España –bajo la presidencia de un empeñoso pero cuestionado, hasta su expulsión, Juan Villalonga–

21 Silvia Naishtat y Pablo Maas, *El Cazador– La historia secreta de los negocios de Juan Navarro y el grupo Exxel*, Buenos Aires, Planeta, 2000. Es la más amplia y profunda investigación periodística sobre el Exxel y su creador, publicada hasta el momento.

El modus operandi del CEI se repite. Tras cada compra busca un socio familiarizado y con conocimientos en la actividad –know how–. El grupo aporta gerentes y fondos financieros, y el motor de su asociación con distintas empresas.

Los intereses del inversionista húngaro-norteamericano George Soros en la Argentina se orientaron hacia tres tipos de negocios. IRSA compra edificios para oficinas, terrenos para construcciones y hoteles, esperando la revalorización del mercado inmobiliario. En 2000 terminó cediendo gran parte de las operaciones a sus socios argentinos. SAMAP controla la mayoría de los centros comerciales de Buenos Aires y del interior del país.

CRESUD se dedica a la cría y engorde de ganado, producción de leche, plantación y explotación forestal y compra de estancias. Es el segundo terrateniente de la Argentina, después del grupo Benetton, radicado en la Patagonia y especializado en la producción lanar.

Con la llegada de los megagrupos y las privatizaciones se terminaron las ideologías, las facciones, las posiciones políticas que habían alineado y enfrentado a las instituciones empresarias entre sí y con los gobiernos durante los últimos cuarenta años y que, mal o bien, determinaban las estrategias industriales del país. La mano invisible del mercado se encargó de disciplinarlos y de la liquidación de las pequeñas y medianas empresas nacionales. Que quede claro que se trata de empresarios, no de industriales. Su negocio es la especulación, no la producción ni la inversión de riesgo. En total coincidencia, para el gobierno menemista la política industrial era una hierba que podía o no prender en suelo argentino. En cualquier caso, poniendo en acto aquella máxima de Martínez de Hoz, Menem pregonaba la subsidiariedad del Estado.

Por acatar disciplinadamente las recomendaciones de los organismos internacionales sobre apertura de mercados, privatizaciones y ajustes, la Argentina fue "beneficiada" con el Plan Brady. Entre las "ventajas" se hablaba de la refinanciación de 21.743 millones de dólares del capital de la deuda externa, con un pago de intereses cercano a los 8.000 millones. Abrió la posibilidad de recurrir a nuevos préstamos y prometía sustanciales reducciones de la deuda –la quita efectiva de capital fue de unos 2.500 millones de dólares–. Presentado como "la carta de triunfo" del menemato, si de algo se puede estar seguro es de que el Brady no resolvió el problema de la deuda externa: hasta el año 2000 ya se desembolsaron intereses por un total de 16.500 millones de dólares. Por cada año de vigencia del Brady, la Argentina debe desprenderse de 2.500 millones. El plan tan sólo pospuso los vencimientos más acuciantes del gobierno de Menem y oxigenó la burbuja especulativa en la que flota el Plan de Convertibilidad al asegurarse financiamiento externo. Además desactivó la posibilidad de discutir políticamente la deuda mediante la creación de un "Club de deudores".

La apertura unilateral del sector externo taponó de contenedores los depósitos portuarios y aéreos. Esta explosión de productos importados satisfizo gran parte del consumo masivo de bienes, generó una brecha comercial de importancia[22] e impuso una creciente dependencia financiera

---

22 Pierre Salama, en un trabajo publicado por la Fundación de Investigaciones para el Desarrollo (FIDE) en su N° 227 de septiembre de 1997, dice: "La brecha comercial aumenta fuertemente tanto más cuando la moneda nacional se encuentra fuertemente apreciada,

con el exterior, justificada y glorificada por Cavallo, pues si se frenaba el flujo de fondos el modelo podía caerse[23]. Ese ingreso de capitales permitió elevar las reservas de un monto inicial de 5.539 millones de dólares hasta 17.229 millones en 1994 y 25.000 millones a fines del '96[24].

Si la base de la estabilidad descansa en el endeudamiento interno y externo, tanto del Estado como de las empresas privadas y las personas, –las empresas argentinas son las más endeudadas con el exterior en toda América Latina[25]–, entonces la estabilidad depende del capricho de los volátiles flujos internacionales de capital, sumamente sensibles a la variación de la tasa de interés en los Estados

---

suspendidas las subvenciones a las exportaciones y los aranceles aduaneros considerablemente reducidos al tiempo que, en los países desarrollados, se desenvuelve un proteccionismo oculto, no arancelario y centrado sobre la calidad de los productos. Ya se trate de Brasil, México o la Argentina, todos exhiben déficits abismales. Fue necesario esperar la crisis de 1995 para que México volviera a tener un balance comercial excedentario, excedente explicado, a su vez, por la fuerte devaluación y la gran recesión. En igual sentido, en la Argentina, la recesión de 1995 permitiría que reapareciera un cierto excedente, frágil sin embargo con la recuperación del crecimiento. Los desequilibrios reaparecieron en 1997. En el Brasil, después de haberse conocido excedentes muy significativos (en el orden de los 10 a 16 mil millones de dólares), todos los años, a lo largo de los ochenta, reaparecen déficits importantes (se estima entre 8 y 12 mil millones de dólares el déficit de 1997)."

23 Los capitales extranjeros fueron tomados por los empresarios para importar productos –computadoras, software, indumentaria, electrodomésticos, etc.–, es decir que la actividad económica se sostenía gracias al consumo popular que esa inyección de capitales facilitaba. Luego del "Tequila" el repago de los créditos y la reticencia para volver a prestar de los inversores llevó al país a una etapa recesiva que aún continúa.

24 La Argentina registró entre 1991 y 1994 el ingreso de 38.000 millones de dólares, con un pico alto y punto de inflexión en 1993 y un descenso a un saldo negativo de 3.000 millones en 1995.

25 A mediados de 2000 la deuda privada se estimaba en 40.000 millones de dólares.

Unidos y a cualquier otra modificación del factor externo, como lo demostraron las crisis mexicana de 1995 y la asiática de 1997[26].

La devaluación mexicana de diciembre de 1994 llamada "Tequila", golpeó más fuerte en el país que en otras latitudes vecinas como Chile o Brasil. Al considerar las semejanzas entre ambas estructuras económicas, los inversionistas especularon que en la Argentina sucedería lo mismo que en México. Se fugaron precipitadamente 8.000 millones de dólares, lo que obligó al Banco Central a crear una "red de contención" para futuros y probables sacudones. Pero la verdad es que el mundo financiero estuvo a días de derrumbarse si proseguía la corrida. El efecto "Tequila" dejó como secuelas recesión, aumento de la tasa de desempleo, una caída del crecimiento del 4,4%, además de la fuga de capitales, o más precisamente *por* la fuga de capitales.

Pero la reelección de Menem en 1995 consolidó el "modelo". Sostenidos ingresos de capital seguían equilibrando los presupuestos nacionales –que crecían desmesuradamente– y de la crisis mexicana se salió sin necesidad de grandes cambios. Todo siguió igual en las aguas del mar menemista donde los tiburones hacían estragos. Por derecha, con las compras de activos y de bonos del Estado. Por izquierda varios escándalos salpicaron no sólo a la administración menemista, sino que, con maniobras más sofisticadas que las practicadas durante los primeros dos años del menemato cuando se "robaba para la

---

26 Benjamín Hopenhayn y Javier Merighi, "Movimiento de capitales en la Argentina: factores interno y externos. Un análisis del período 1991-1995". Presentado en el Congreso de Economía de 1997.

corona"[27], fueron de alcance "global": Una implicó la supuesta exportación de oro a los Estados Unidos, y la otra involucró a la mismísima IBM.

Describir con cierto detalle los pormenores de estos y otros ilícitos sería motivo de otro libro. Valga un breve sumario a manera de radiografía y, sobre todo, de recordatorio.

El caso del fraude del oro se inició en 1992 con una propuesta, parece, de Handy & Harman –empresa norteamericana líder en la importación de metales preciosos– a Enrique Piana para aprovechar los reintegros previstos por la ley argentina. El negocio se vio favorecido con un empujoncito de Domingo Cavallo, por la firma de un decreto que estableció que las ventas al extranjero de manufacturas de oro recibirían reintegros de alrededor del 15%. H&H, que se quedaría con un porcentaje de los reintegros, participaba en una refinería de oro... en la provincia de La Rioja. El metal se adquiría en entidades bancarias que lo introducían al país como "oro de uso monetario", como si se tratara de divisas. El Banco de Galicia fue, se indica, la entidad bancaria que más oro ofreció. Un banco menor, el Baires, compraba lingotes de oro a la banca suiza con fondos propios o prestados por el MTB Bank, con filiales en Nueva York y las Islas Caimán. El Baires creó además una empresa fantasma, la Nuborn Inc. radicada en Panamá, para abrir desde allí cuentas con nombres falsos en el MTB Bank. Y otra en el Uruguay, la Financiera Timbal. Casa Piana recibía los lingotes y los transformaba en monedas de oro que exportaba a los

27 Palabras atribuidas al operador José Luis Manzano, que guió al periodista Horacio Verbitsky a titular así su prestigiosa investigación sobre los constantes latrocinios del menemato.

Estados Unidos con una sobrefacturación del 10% para aumentar el valor de los reintegros. En Estados Unidos la firma Handy & Harman fundía las monedas, las convertía nuevamente en lingotes y le extendía a Casa Piana facturas y papeles fraudulentos ya que en muchos casos los embarques ni siquiera eran de metales preciosos.

Desde septiembre de 1993 hasta el mismo mes de 1994 H&H importó por valor de 80 millones de dólares. En diciembre de ese año se facturaron 30 millones en plata. En septiembre de 1993 se abrió otra empresa fantasma radicada en los Estados Unidos: Intergold. Desde allí se importaron 40 embarques de metales "preciosos" que luego fueron vendidos como chatarra.

Ricardo Cossio, titular de la DGI, se dio cuenta de que tantos reintegros de IVA por embarques de oro era, al menos, inusual. Luis María Peña, a cargo de los agentes fiscalizadores de la DGI, se encargó de investigar. El anterior director general, Marcelo Ramos, había autorizado las operaciones sin haber siquiera constatado las direcciones fiscales de quienes figuraban como orfebres contratados por Casa Piana. Ramos no fue procesado por la justicia por falta de méritos, pero tampoco fue sobreseído. Actualmente se puso a disposición de la Oficina Anticorrupción.

La maniobra consistía en generar créditos fiscales a través de la contratación de falsos orfebres –la supuesta manufactura, el valor agregado que exigía el decreto– que nunca realizaron tarea alguna. Para dar "transparencia" a las operaciones Casa Piana pagaba a inexistentes artesanos con cheques del Banco Baires –cuyo presidente Aníbal Guzmán Menéndez está en la causa que sigue el juez Jorge Ballestero, junto a Antonio Roberto Lanusse, Luis María Mazziotti y Luis Machado, todos del Baires– sumas millonarias que se cobraban en ventanilla y se depositaban el mismo día en cuentas conectadas con Casa Piana, con lo que se completaba el círculo. Una de las empresas estaba a nombre de O.M. Estigarribia, un albañil de Villa Domínico asombrado por el dinero que había circulado a su nombre e ignorante del asunto.

El Estado pagó, en materia de reembolsos por el "oro fantasma", algo más de 100 millones de dólares. Hay 10 funcionarios imputados pero ninguno procesado. Todos fueron sobreseídos por el juez Jorge Ballestero. La Cámara Federal revocó esos pronunciamientos. En la causa se investigó también a Gustavo Parino, ex interventor de la Aduana y hombre de confianza de Domingo Cavallo.

Con el caso IBM-Banco Nación, en palabras de Rogelio García Lupo "nuestro país ingresó verdaderamente en la historia mundial del crimen económico"[28]. Porque la novedad de este latrocinio radica en que involucró no sólo a Ricardo Cossio, Carlos Tacchi, Claudia Bello –que hoy esta dando explicaciones ante la justicia por las contrataciones para frenar el efecto Y2K– y a empresarios dispuestos a "escuchar ofertas", sino también a una multinacional de renombre y junto a ellos todo el andamiaje financiero internacional, incluidos los apellidos Rothschild y Deloitte.

Durante el ministerio de Domingo Cavallo, la empresa IBM ganó por licitación formal el contrato para la informatización de la DGI y de otras reparticiones nacionales y provinciales. Los servicios contratados por el Banco Nación llevaron el nombre de Proyecto Centenario. En septiembre de 1995 Aldo Dadone, presidente del

28 Jesús Rodríguez, *Fuera de la ley*, Buenos Aires, Planeta, 1998, introducción de Rogelio García Lupo.

banco y amigo íntimo de Cavallo, el empresario criollo devenido en subsecretario general de la Presidencia Juan Carlos Cattaneo, amigo íntimo de Alberto Kohan, la cúpula de IBM Argentina y otros funcionarios, renunciaron atropelladamente. Había tomado estado público que el Proyecto Centenario le costaría al Estado 250 millones de dólares, unos 200 millones más que el precio de mercado. Además la red de coimas era tan evidente como que las cuentas en el exterior estaban a nombre de los presurosos renunciantes.

Bajo el sol del menemato los ilícitos cobraron una magnitud extraordinaria, como los 5.000 millones de dólares de contrabando por importaciones denunciados por la UIA en 1996. La Aduana Nacional, tranformada en un verdadero "colador" desde 1992 bajo la dirección del licenciado Gustavo Parino, estuvo en el ojo de la atención pública durante semanas.

Día a día los allanamientos en distintos negocios y en el mismo estudio del hermano de Domingo, Carlos Cavallo, permitían descubrir una "aduana paralela" que ingresaba al país artículos de consumo masivo bajo el rótulo de "mercadería en tránsito". Esta mercadería terminó por aniquilar a la industria del juguete, de la indumentaria y otras, a la vez que el Estado perdió sumas cercanas a los 800 millones de dólares anuales[29].

La "aduana paralela" comenzó a movilizar a empresarios, al ministro Guido Di Tella y al ministro Carlos Korach para aquietar un tembladeral que prometía llevarse a varios funcionarios al infierno. Desde el Poder Legislativo, César Arias, un ultramenemista furioso que presidía la Comisión Antimafia, alentaba al juez Tiscornia para que

---

29 Según un estudio de la Trade Development Agency (TDA).

jaqueara a Cavallo con la investigación. Cuando Guillermo Tiscornia apresó a Parino, el juez pasó a ser el centro de los ataques de un desbocado Cavallo que comenzaba a enfrentarse con Menem, hasta su alejamiento final.

Pese a las consecuencias políticas de este escándalo, nadie fue preso. Incluso la mercadería era revendida a los pocos días de ser secuestrada por dependencias del sur de la policía bonaerense.

El juez de la causa también imputó por contrabando a Francisco Macri, titular del grupo SOCMA, por el ingreso ilegal de automóviles. El juicio involucra ahora a su hijo Mauricio, el presidente del club Boca Juniors. También fue acusado Manuel Antelo, responsable de Renault Argentina. En 2000 Renault de Francia hizo gestiones ante el gobierno nacional y provincial –Córdoba– para levantar estas acusaciones que implicaban multas elevadísimas. Con el tiempo Parino fue excarcelado, la Aduana fusionada con la AFIP y las cosas se mantuvieron como entonces[30]. Manchado por los casos de contrabando de oro, aduana e IBM, el tramo final del deslizamiento del

---

30 Diario *Página 12*, Suplemento Cash, 12 de noviembre de 2000. Años después del escándalo de la "Aduana paralela" y ya en el primer año de gobierno de la Alianza, la corrupción seguía extendida en el organismo. Cuando Eduardo Casullo asumió la dirección de la Aduana, confesó: "Los buenos profesionales están desaprovechados, porque, increíblemente, han ubicado a los más preparados en puestos que no son los decisivos... La Aduana está preparada para no controlar. La esencia del control es contrastar lo que se informa con la realidad y no están los elementos para hacerlo... No se están pesando los caminones porque no andan un montón de balanzas. Las zonas francas no cumplen con los compromisos que marca la ley. Estoy verificando que los despósitos fiscales tampoco cumplen las normas. Y lo principal es que hay una maraña burocrática que no resuelve ningún problema. En general, lo que no anda es la capacidad y la vocación para discernir. Acá se trata a todo el mundo igual, sabiendo que no son todos iguales. Si

"padre del modelo" –el padre de la desocupación, la concentración y la desindustrialización definitiva del país– se recuerda por su enfrentamiento con el empresario cercano al menemismo, Alfredo Yabrán. Aún estan frescos los hechos de la contienda desencajada del ministro, que presentó durante 10 horas ante el Congreso las pruebas del tramado mafioso de las empresas de Yabrán en el sector postal y de depósitos fiscales, negocios que Erman González había aprobado en su gestión como ministro de Economía, cuando privatizó los depósitos fiscales de Ezeiza (EDCADASSA).

El asesinato del reportero José Luís Cabezas introdujo el ingrediente mafioso fatal e inevitable en una lucha por el poder que era sorda y a muerte. El secreto mafioso, la *omertá* que envolvió los años del menemismo hace que muchos argentinos no sepamos hoy cuáles fueron los pasos exactos del poder tras la sombras que construyó el caudillo riojano. El extraño suicidio de Yabrán puso fin a un episodio del que sólo conocemos retazos.

El cruce de acusaciones sobre el entorno de Cavallo, y las devoluciones explosivas del ministro contra los menemistas furiosos, la corrupción generalizada y contra el propio líder del Justicialismo, causó inquietud entre los miembros del poder real, que se reunieron con sus administradores. El "Grupo de los ocho", formado hacia fines del gobierno de Alfonsín, se reunió con Menem y con el ministro. Jorge Blanco Villegas de la UIA, Francisco Macri por la Unión Argentina de la Construcción (UAC), Munir

---

la Aduana se ocupa de controlar a los que sabe que están operando fuera de la ley puede cumplir su función". Finalizó: "A mí me dijeron que tenía que tener cuidado con quién me metía porque me podían matar".

Madcur por la Cámara Argentina de la Construcción (CAC), Enrique Crotto de la SRA, Jorge Di Fiori de la Cámara Argentina de Comercio (CAC), Julio Gómez de la Asociación de Bancos de la República Argentina (ABRA), Eduardo Escassany de la Asociación de Bancos Argentinos (ADEBA) y Julio Machi por la Bolsa de Comercio, los "ocho" en ese momento álgido, exigieron gestos de reconciliación. ABRA y ADEBA apoyaban a Cavallo sin reservas, mientras el sector ligado a la producción esperaba alguna señal de Menem para apoyar al ministro. Y así fue, pero no por mucho tiempo. La pelea por la paternidad del modelo terminó mostrando también fisuras en el "Grupo de los ocho", que desde su nacimiento fue una asociación definida para hacer lobby contra el gobierno radical y salvar un modelo de acumulación prebendario. Pasados los años, el sector financiero se ha despegado del resto.

Finalmente Cavallo cayó, dando inicio a la etapa final del menemismo, el "piloto automático" de Roque Fernández, es decir, el liso y llano mandato de los intereses financieros.

Si bien es cierto que los Estados Unidos fueron los principales inversores en la Argentina durante la década del '90 con 47.000 millones de dólares, el equivalente al 37% de las inversiones extranjeras totales en nuestro país, el conjunto de las empresas europeas los superan con 60.000 millones, el 48% del total. Algunos razonan que en ese período los capitales norteamericanos se concentraron en Asia, Oceanía y Europa Oriental, otros dicen que dudaron de la confiabilidad del peronismo en el poder, sobre todo al inicio del gobierno de Menem. Lo incontrastable fue la agresividad y el riesgo que asumieron los españoles, un emprendimiento que se llamó "la reconquista Española". Si se suman los 15.000 millones de la compra de YPF en 1999, las inversiones de la madre patria igualan los 47.000 millones de los Estados Unidos.

La estrategia española no se circunscribió sólo a la Argentina: el mismo puñado de empresas, Endesa, Telefónica, Iberia, Repsol, Aguas de Barcelona, el Banco Santander Central Hispano y el Banco Bilbao Vizcaya Argentaria, desembarcaron en todos los ex territorios coloniales latinoamericanos.

El Banco Santander y el Banco Bilbao Vizcaya, los dos más fuertes de España, controlan los bancos Río y Francés, segundo y tercero en el ranking bancario argentino. Sus operaciones se extienden a una activa participación en otros bancos, aseguradoras y fondos de pensión.

La española Argentaria compró el 50% de la AFJP Siembra, al Citibank y la aseguradora Mapfre. A través de su subsidiaria local Mapfre Aconcagua, se posicionó fuertemente en los seguros, especialmente después de que la legislación obligara a las empresas a contratar aseguradoras de riesgo de trabajo (ART).

Los españoles también tienen una posición dominante, además de parte de las comunicaciones, en la producción y distribución de energía eléctrica. La firma Endesa, con el control de Edesur y Edenor, se ha convertido en un monopolio de millones de clientes. Venció a la norteamericana Duke Energy en la carrera por quedarse con la chilena Enersis[31]. La expansión de Endesa la ha llevado a invertir 320 millones de dólares en un proyecto para transportar energía al Brasil.

---

31 Ahora Endesa, por la legislación antimonopólica, debe desprenderse de una de las dos compañías.

Aguas de Barcelona es dueña del 25% de Aguas Argentinas, y Gasban SA de la distribución de gas natural en Buenos Aires. La construcción es otro rubro en el que Dycasa ha apostado muchas pesetas. A su vez Cemento Molins compró Cemento Avellaneda, la tercera cementera de la Argentina. Las tiendas Zara y Punto Fa, con sucursales en las principales ciudades del mundo, y acelerado desarrollo de la moda, se instalaron con la perspectiva de dominar el mercado latinoamericano.

De todos modos, por efectos de la globalización, las nacionalidades se diluyen. El 70% de las acciones de Telefónica por ejemplo, está en Wall Street –no obstante, la casa central, en Madrid, conserva la "acción de oro" que define la nacionalidad–. Además, como carece de un desarrollo tecnológico de vanguardia, Telefónica se nutre de Microsoft, IBM, Hewlett Packard y otras multinacionales estadounidenses.

El hecho más destacado del menemato fue, sin dudas, la enajenación de la joya más preciada de la corona, la venta de YPF a Repsol. YPF ya había sido privatizada en 1993. Quedaba en manos del Estado el 15% de la empresa. Las necesidades recurrentes del menemismo decidieron la venta de esas acciones.

Alfonso Cortina de Alcocer se dio cuenta de que la oportunidad para sacar a Repsol de su meseta y dar el salto hacia los mercados internacionales era la compra del prometedor productor de crudo argentino. Negoció con los bancos y consiguió que los norteamericanos Goldman Sachs, Merryll Lynch, y Citibank se unieran con los europeos Warburg Dillon Read, el Banco Bilbao Vizcaya Argentaria SA y La Caixa, para contraer una deuda de 15.000 millones de dólares, dinero que costaba el porcentaje en venta de la empresa más grande de la Argentina. El entonces presidente de YPF Roberto Monti, se convirtió en vice de Repsol, por consejo de Cortina, en agradecimiento a las negociaciones a favor de la petrolera española.

En 2000, sólo a nueve meses del comienzo de sus operaciones Repsol-YPF obtuvo una rentabilidad de 988 millones de dólares. La integración vertical que logró Repsol de España con la incorporación de YPF –antes era muy fuerte en refinación en la península, pero con precarios activos en reservas– le posibilita ganar y ganar simpre[32].

Como contrapartida, las consecuencias para los argentinos se verifican en los altos precios de los combustibles líquidos, el gas licuado y el gas natural, la ausencia de una política exploratoria nacional, las constantes remesas de dividendos al exterior sustentadas por los altos precios, el cierre de pozos y actividades en zonas que se transformaron en "antieconómicas", como la Cuenca del Golfo de San Jorge, donde la crisis socioeconómica desencadenada es alarmante. Mientras, Repsol privilegia las conveniencias financieras en desmedro de la explotación racional de los yacimientos y los aspectos ambientales[33].

A fines de 2000 el presidente de Repsol-YPF Alfonso Cortina, alcanzó un acuerdo con el gobierno argentino y con el gobernador de Neuquén, Jorge Sobisch para extender diez años más la concesión del yacimiento gasí-

---

32 Diario *Página 12*, 8 de noviembre de 2000. Repsol gana cuando el petróleo es caro, en el upstream (producción) y cuando es barato en el dowstream (refinación y comercialización). A partir del control de YPF, gana, entonces, en cualquier instancia.

33 Organismos internacionales han estimado en 1.000 millones de dólares el daño ambiental, sólo en la provincia de Neuquén. Los damnificados más directos son las comunidades mapuches. Pese a que el informe y la demanda correspondientes fueron entregados al gobierno provincial, Sobisch se ha cuidado de presentarla aún ante la justicia.

fero de Loma de la Lata. Sobisch acaba de anunciar que llegó a un acuerdo con la petrolera Repsol para que invierta en su provincia otros 8.000 millones de dólares. En realidad este acuerdo ya estaba estipulado por ley, sin ninguna necesidad de extender aún por 17 años más la concesión, hasta el año 2027, como Repsol ha logrado arrancarle a la provincia. Según un estudio de la Asociación de Trabajadores del Estado (ATE) de Neuquén, la empresa ganará con la nueva extensión casi 40.000 millones de dólares extra.

El marco legal de estas operaciones de inversión y extensión de concesiones es sumamente difuso. Por ejemplo, la constitución neuquina establece que la explotación del subsuelo podrá concederse a "organismos fiscales competentes, nacionales, provinciales o municipales, o consorcios de tipo cooperativos asociados por el Estado" y especifica que debe ser aprobada por dos tercios de la legislatura. Sin embargo se estima que Sobisch apelará a un decreto de necesidad y urgencia.

Para el control del pago de regalías el Estado contrató los servicios de software de Montamat & Asociados, que pertenece nada menos que al secretario de Energía, Daniel Gustavo Montamat. Para poder asumir el cargo influyente que hoy ocupa, cedió a su mujer la dirección de la empresa, que ya logró vender los servicios a la provincia de Río Negro.

Una nueva ley de Hidrocarburos –la actual data de 1967– descansa en el Senado. Las petroleras presionan para que las regalías no superen el 5%, el proyecto tiene un tope de 12%, pero Repsol paga, atención, el 35% en Perú y 18% en Bolivia[34]. Una nueva estafa a los ingresos públicos está por legitimarse.

---

34 Diario *Página 12*, 2 de julio de 2000, nota firmada por Horacio Verbitsky.

Del mismo modo en que el menenemismo favoreció la concentración de la economía y la distribución regresiva del ingreso nacional, el monopolio de la información en nuevos grupos multimediáticos es consecuente con las políticas de su gobierno. La legislación menemista desató una lucha feroz, cuyos cañoneos aún atronan, por el control del área que más y mejores negocios ofrece a futuro: el entretenimiento. Para los grupos multimedios del país el objetivo de corto plazo es aprender a vivir después de la expansión. El sector de los medios de comunicación no fue ajeno a los movimientos que sufrieron otras áreas de la economía más tradicionales.

Los grupos locales, algunos apoyados en sociedades de capitales mixtos y todos dependientes de créditos bancarios, tuvieron que atravesar un proceso similar al de muchos sectores de la economía de fin de siglo: concentración propietaria, alianzas estratégicas, aparición de actores sin tradición en el negocio, fusiones y adquisiciones entre las empresas nacionales con las internacionales, formación progresiva de holdings y desaparición de las empresas tradicionales o familiares.

Se pueden identificar cuatro sectores en donde confluirán los intereses de los grupos multimedios, que intentarán gestar megaalianzas regionales en el mediano plazo: la telefonía –en plena desregulación y ya sin el duopolio de Telefónica y Telecom–, internet, la televisión por cable, la satelital y la digital. Cuando esto termine de ocurrir, las empresas multimediáticas entrarán en un segundo estadio, donde los conglomerados de la información definirán entre sí la lógica de funcionamiento de los futuros negocios, donde los competidores se vuelven aliados.

Pero por ahora, el Grupo Clarín pertenece a la familia Noble. En 1969, tras la muerte del fundador del diario Clarín, Roberto Noble, asumió la presidencia y el control mayoritario del grupo su viuda, Ernestina Herrera de Noble. El reconocido mentor de la transformación del diario en multimedios fue el CEO Héctor Magnetto. Es el holding con más tradición en el mercado local, el primero en convertirse en empresa multimediática luego de que la ley 23.696 del gobierno de Carlos Menem permitiera la fusión legal de medios gráficos y medios electrónicos.

Entre sus objetivos en el corto y mediano plazo figuran la telefonía básica y la consolidación del servicio de televisión satelital (DirecTV) y el digital, que será el punto de inflexión para un cambio de tecnología, primero en la Argentina y luego en Brasil. En lo inmediato, el grupo aguarda la desregulación de la televisión por cable brasileña, en donde prevé inversiones por 350 millones de dólares. Es una empresa de capitales nacionales salvo en su alianza con Galaxy Latin America para el servicio de televisión digital. También planifica el desembarco en el mercado brasileño de la televisión digital en sociedad con el Banco Bozano-Simonsen.

El Grupo Clarín posee el 100 % de Multicanal, principal proveedor de televisión por cable tanto en la Argentina como en América Latina, con aproximadamente 2.000.000 de abonados. A través de esta empresa el grupo adquirió 200 señales de cable del interior. Las informaciones sobre la venta del 50% de Multicanal interesaron a dos candidatos: Galaxy Latin America –socio de Clarín en DirecTV– y los fondos Hicks, Muse, Tate & Furs (HMT&F), accionistas en el CEI Holding. Tanto HMT&F como Galaxy intentan estrechar relaciones en el negocio de la televisión digital. Esto no es visto con buenos ojos por la cúpula del Grupo Clarín, que estaría presionando a Galaxy, mejorando sus condiciones societarias en Direct TV, ya que no se cumplieron las expectivas de abonados previstas en la Argentina.

El grupo es dueño del 100% de ARTEAR, su productora cautiva. Produce programas para Canal 13, Todonoticias, Magazine 24, Volver y Nickelodeon. Además entró en la industria del cine.

Controla el 50% de la señal de televisión por cable VCC, el 100% del diario deportivo Olé, el 36% de Papel Prensa –junto al diario La Nación y el Estado Argentino–, y el 100% de radio Mitre –interesada en la compra de Radio de Cuyo, propiedad de Sigifredo Alonso–. Posee el 23% de la agencia DyN, el 100% de Cadena Latina (FM), el 50% de revista Elle, el 50% de Audiotel –empresa de Audio Texto–, el 80% del diario La Voz del Interior de Córdoba y el 50% del periódico Los Andes de Mendoza, estos dos últimos en alianza con La Nación bajo el joint venture CIMECO, emprendimiento fundado en 1998 dedicado a la compra en sociedad de diarios del interior, estrategia que confirma el progresivo desembarco de los medios de capital en la propiedad de medios regionales.

El Citicorp Equity Investment (CEI) nació como un grupo multimedios de capitales mixtos sin tradición en el sector de las comunicaciones, y obtuvo su fuerza de capital de compañías extranjeras y entidades bancarias. Pudo formarse gracias a la ratificación del Tratado de Protección Recíproca de Inversiones con los Estados Unidos en 1995, que permitió la sociedad entre los bancos Citibank de los Estados Unidos, el República de Mendoza de Raúl Moneta, el Mercantil y Telefónica de

España. Su presidente es el banquero Raúl Moneta[35]. La vorágine de su lógica de inversiones lo convirtieron en el grupo multimedios que redefinió el escenario de expansión local, acelerando el proceso de fusiones y adquisiciones entre empresas.

El paquete accionario del CEI, en constante cambio, estaba formado por el Grupo República –Raúl Moneta–, 40%; Citibank, 25%; Hicks, Muse, Tate & Furst, 35%.

---

35 Los negocios de Moneta se anudan con el Citibank local y con la casa matriz. El llamado "banquero de Menem" acumuló en 20 años una fortuna de 1.600 millones de dólares y multiplicó por diez sus bienes en los últimos tres años. Moneta estableció con el Citi una relación "carnal", con acceso directo a John Reed, Bill Rodhes y Paul Collins, los máximos referentes de la casa central de la poderosa banca. Al parecer el financista Raúl Moneta, cuyo banco República –y el Citibank– aparece ligado al lavado de narcodólares por 4.500 millones de dólares vía American Exchange –con domicilio en el Uruguay– y el Federal Bank de Bahamas, es sólo la cara más expuesta de un conjunto de banqueros en apuros, unidos en la defensa del sospechado Pedro Pou, presidente del Banco Central de la República Argentina desde que Menem lo designara en reemplazo de Roque Fernández. Las maniobras de lavado a través de estas financieras inexistentes habrían sido detectadas pero no denunciadas por Pedro Pou, sobre quien pesa la responsabilidad de la buena salud del sistema financiero argentino. Aldo Ducler, asesor de Ramón "Palito" Ortega, es otro señalado en las investigaciones originadas en los Estados Unidos por las operaciones de su financiera Mercado Abierto y su filial off-shore radicada en las islas Caimán. Curiosamente, al mismo tiempo que la diputada radical por el Chaco Elisa Carrió lograba que la ley contra el lavado de dinero en la Argentina se hiciera realidad, luego de años de intentarlo, el matrimonio Perel es ejecutado en su casa de Cariló y se revela el informe del Senado de los Estados Unidos sobre lavado de dinero. Isidoro Mariano Losanovscky Perel estaba seriamente comprometido, según investigaciones derivadas de su muerte, con operaciones de lavado y en el material periodístico se lo ve con amigos en fotos cuidadosamente difuminadas para que nadie tenga que dar explicaciones. Perel, Moneta, Pou, Fedrigotti, muchos banqueros, Menem y De la Rúa parecen estar envueltos en un escándalo que ya poco puede asombrar.

HMT&F está asociada en Venezuela al Grupo Cisneros y entre ambos conformaron una alianza para concretar inversiones en medios de Latinoamérica. La entrada de HMT&F en el CEI fue presentada como independiente para no crear dificultades con el hasta ahora socio de Cisneros en la Argentina: el Grupo Clarín.

CEI Citicorp Holding manejó, en Telefónica de Argentina, el 54,4% de las acciones, en Telintar el 50%, en Miniphone –antes del cambio– el 50%, en Startel el 50%, en Páginas doradas el 100%, en Radiollamada el 50%. Controla el 20% de Torneos y Competencias, el 40% de Telered Imagen SA, el 56% de Televisión Satelital Codificada, el 50% de Canal 9, el 7% del canal de aire América y algunos canales regionales.

El Grupo Vila es el holding regional que más creció en los últimos cinco años en la Argentina. Sólo se ubica, con una facturación anual de 320 millones de dólares, detrás del grupo Clarín y del CEI. Logró su expansión desde la televisión por cable, asociado a Clarín en Supercanal Holding. También es socio de Clarín en el área de las telecomunicaciones a través de la empresa Sinergy. El Grupo Vila está integrado por Uno Multimedios –100% de la familia Vila– y Supercanal Holding SA –51,5 % familia Vila, 28,5% Mastec y 20% Multicanal–. Uno Multimedios posee el 100% del diario Uno de Mendoza, la AM Nihuil, las FM Montecristo, Brava, Ayer, Latinos y la revista Primera Fila, distribuida sólo en la provincia de Mendoza. En radio, el 80% de la Red corresponde a Carlos Ávila y el 20% restante a Vila. Durante 1998 compró el 100% de radio Rivadavia –AM y FM– y el 71% del centenario diario La Capital de Rosario. El grupo Vila está interesado en las acciones del diario mendocino Los Andes que actualmente posee el diario La Nación, y así lograr el control de los dos diarios más importantes de la provincia.

A través de Supercanal Holding –principal MSO del cable regional– controla 35 canales de cable del interior del país y opera en Bolivia, República Dominicana y Brasil. Actualmente cuenta con 600.000 abonados, cuyo 90% se distribuye entre las provincias de Mendoza, San Juan, Santa Cruz, San Luis, Río Negro, La Rioja y Neuquén. En televisión abierta es dueño del 100 % de los Canal 6 de San Rafael, 7 de Mendoza, y 8 de San Juan.

Torneos y Competencias es otra de las empresas multimediáticas de capital mixto. El 40% le pertenece a Telefónica Internacional-CEI, el 40% a TCI –operadora líder de televisión por cable de los Estados Unidos, ahora fusionada con la empresa de telefonía norteamericana AT&T– y el 20% a Carlos Ávila y Luis Nofal.

El mentor del grupo fue el empresario Carlos Ávila, quien consolidó sus negocios en los medios de comunicación con la monopolización de la televisación del fútbol en Argentina y Uruguay hasta el año 2014. A corto y mediano plazo su sociedad con el CEI está orientada al desarrollo de nuevos negocios, mientras que con Clarín se dirige a la producción de contenidos.

TyC posee el 80% de radio La Red, el 49% de Telered Imagen SA, el 56% de Televisión Codificada, el 50% de canales regionales junto a Telefé y el 100% de la productora de contenidos Pramer. En Cablevisión participa con el 66,6 % del CEI-Telefónica y 26,24% de AT&T. Controla el canal 2 de televisión abierta, y respaldado por el CEI, dueño del 95% de Editorial Atlántida, supervisa El Gráfico en sus versiones revista y El Diario del Lunes.

Pocas empresas sobreviven sin gestar alianzas internacionales ni transformarse en grupos multimedios. Representan una minoría y casi todas están ligadas a empresarios o familias de tradición en el negocio periodístico.

El "grupo Crónica" pertenece a Héctor Ricardo García. En la actualidad enfrenta serios problemas económicos, financieros, estructurales y su época de oro parece haber culminado. Sin embargo se mantiene, pese a los rumores de venta y cierres que circulan en el medio periodístico. Su empresa incluye los diarios Crónica y El Atlántico de Mar del Plata, las revistas Flash, Esto y Así, las señales de cable Crónica TV y Crónica Musical, la productora Estrella Producciones y una participación en radio Colonia. García estudia una alianza con Raúl Naya.

El diario La Nación, una "tribuna de doctrina", creció a pesar de que grandes competidores comenzaron a jugar en su terreno. Posee el diario La Nación, que con grandes cambios y nuevos suplementos supo mantener a sus lectores, los derechos de licencia de la revista Rolling Stones junto con la editorial La Urraca, el 50% del diario Los Andes de Mendoza con el diario Clarín, y un porcentaje del diario cordobés La Voz del Interior a través de CIMECO SA, un joint venture entre La Nación y Clarín. Tiene participación accionaria en TDH, en el Grupo G3 con Nahuelsat y Paracom Satélites, 33 % de la Agencia DyN y el 33% de Papel Prensa.

Propiedad de la familia Fontevecchia, el "Grupo Perfil" sufrió una grave crisis financiera y de credibilidad por el lanzamiento e inmediato cierre de la mayor apuesta periodística del decenio: El diario Perfil. A pesar de ello continuó editando las revistas Noticias, Caras, Semanario, Weekend, Luna, y Supercampo. Proyecta varias nuevas publicaciones, entre ellas revistas femeninas, de interés general y otra para adolescentes. Perfil Libros también sigue en pie.

La Editorial Amfin fue creada por Julio Ramos. Tuvo ofertas del CEI que fracasaron, como el acuerdo de venta al Grupo Recoletos de España. Ramos, en disputas con su ex conyuge, es dueño del 70% de diario económico Ámbito Financiero, de La Mañana del Sur de Neuquén y de La Mañana de Córdoba. El Grupo Ávila finalmente cerró un acuerdo, y se quedó con el 30% de la conducción accionaria.

El desembarco de las empresas periodísticas de Capital Federal en el interior cambió el mapa regional de los medios. El centenario diario Los Andes de Mendoza fue adquirido a fines de 1997 por CIMECO, el joint venture formado por el Grupo Clarín y La Nación. En principio, la función de los nuevos dueños es el gerenciamiento financiero y económico del diario y no la dirección periodística. Su competidor es el diario Uno, fundado en 1991 por el Grupo Vila.

El diario El Ancasti de Catamarca fue fundado en 1989 y pertenece a la familia Molas, que también posee una radio, FM Ancasti, y adquirió notoriedad a partir del caso "María Soledad". El otro medio importante es La Unión, diario del Obispado catamarqueño dirigido por el empresario Rodolfo Suárez.

En Santiago del Estero el diario principal es el centenario El Liberal, dirigido por la familia Castiglione desde 1929. El único competidor –si bien vende muchísimos menos ejemplares– es El Nuevo Diario, fundado en 1991 por los empresarios José María y José Blas Cantos.

La mayoría accionaria del diario La Capital de Rosario pasó a manos del Grupo Uno Multimedios de Mendoza a mediados de 1998. Hasta último momento también el Grupo Clarín estuvo interesado en la operación, pero ahora apuesta a la salida del diario El Ciudadano.

El diario Río Negro pertenece a la tradicional familia Rajneri. Es el de mayor venta en la región sur de la Argentina, ya que también se distribuye en la provincias de Neuquén, La Pampa y Chubut. La competencia más fuerte de los últimos tiempos la estableció Julio Ramos, que en 1992 comenzó a editar La Mañana del Sur para toda la zona patagónica.

Desde hace más de una década existe en Mar del Plata una interesante competencia entre el tradicional diario La Capital, que pertenece al empresario Aldrey Iglesias –dueño además de La Prensa, Canal 8 de Mar del Plata y radio La Capital– y El Atlántico, que integra el Grupo Crónica de Héctor Ricardo García.

Hasta 1993 había un sólo diario fuerte en La Plata, el tradicional El Día del Grupo Kraiselburd-Fascetto, propietario también del Diario Popular, FM La 10 de La Plata, TVS –sistema de cable– y participación en Noticias Argentinas. A fines de los '90 comenzó a publicarse el diario Hoy, que al no poder ingresar en el circuito tradicional de distribución y venta de diarios y revistas cuenta con puestos propios.

En general, la formación de multimedios ha forzado a las empresas a incorporar tecnología de punta, transformación que ha desplazado a su vez a cientos de trabajadores. Los medios independientes, pequeños y medianos se han visto forzados a cerrar, venderse o fusionarse en la lucha salvaje, que es económica, pero que debate también el control de la opinión pública. Las paradojas son sin duda interesantes –pero no habría que confiar en que siempre funcionan–, por ejemplo cuando se sostiene, con verdad, que a pesar del proceso de concentración periodística durante el menemismo, los medios fueron los principales reflectores de la corrupción alevosa del gobierno.

Conclusiones

"Sólo son necesarios quince hombres importantes del establishment para que De la Rúa deje de oír a sus amigos, ha dicho un hombre que lo conoce en los momentos críticos."

JOAQUÍN MORALES SOLÁ
La Nación, 10 de diciembre de 2000

El siglo XXI ha comenzado con expectativas menos alentadoras que el siglo XX. La centuria que se fue dejó como saldo 35 años de desaciertos, un presente abatido, un futuro lleno de incertidumbre.

La región pantanosa que hoy transita la Argentina no se originó por ninguna inundación última. Ciénaga a ciénaga se fue formando por la ineptitud de sus dirigentes políticos, empresariales, religiosos y sindicales. La imposibilidad de crear un real modelo de país, la ausencia de identidad, el fracaso de las sucesivas medidas económicas y políticas fueron el resultado de décadas de peleas, discusiones, golpes de Estado, genocidio y de ataques frontales entre los que se fregaban en el mercado interno y los que se aferraban al consumo nacional como fuente de toda riqueza. Fueron casi cuatro décadas de negación y ceguera. Y de autismo. Creyendo que la Argentina era el centro del universo no se dieron cuenta de que el mundo estaba cambiando y se equivocaron sistemáticamente en la percepción que el resto de las naciones tenía de la Argentina.

Se despilfarraron las reservas naturales, los bienes del Estado y el capital social e intelectual formado en las universidades públicas y privadas que hoy triunfa en el mundo. Mientras la estructura exportadora y los productos argentinos se volvían obsoletos, se "vendió" a la gente el logro de la "estabilidad" al costo de la triplicación de la deuda externa.

Según cifras oficiales recientes, cada hora 800 personas quedan sin trabajo y el índice de mortalidad infantil es del 19 por mil. Uno de cada tres argentinos vive serios problemas de empleo, entre desempleados, subempleados, trabajadores en negro y los desahuciados que no consiguen, o que ya no buscan. El federalismo es una falacia: basta alejarse unos pocos kilómetros fuera de la capital para darse cuenta de la magnitud del atraso que convive con el progreso ficticio de la gran Buenos Aires.

La negligencia y el vaciamiento ideológico de la clase dirigente, de espaldas a las necesidades de los trabajadores, es cómplice de la concentración extrema de la riqueza, de la extranjerización avanzada de la economía y de la subordinación absoluta a las decisiones dictadas desde los Estados Unidos o los organismos financieros internacionales o por las veleidades de quince yupies sentados en sus escritorios de Wall Street. Para esos yuppies la Argentina es un puntito en el mapamundi, un lugar de *finis terra*. El descontrol monetario derivó en la enajenación del valor de la moneda, e incluso hoy se plantea la dolarización, etapa superior de esa alienación de la economía. Convertir, dolarizar expresan el reconocimiento de que ni la Argentina ni los argentinos pueden manejar su economía. Dolarizar significa pedirle a la Reserva Federal, como al padre de un adolescente perdido, que tutele el comportamiento, la conducta política y económica argentinas.

Luego de acumular poder, riquezas y prebendas, la mayoría de los grandes empresarios nacionales vendieron sus activos al capital extranjero[1]. Transformado en liquidez, el dinero fue a parar a los paraísos impositivos del mundo. O a engrosar la deuda externa, por los préstamos que esos empresarios tomaron para adquirir las empresas del Estado que luego cedieron, a mitad de los '90, a inversores extranjeros. También haciendo buenas diferencias con los bonos que emite el Estado para financiar sus necesidades. Los pequeños y medianos empresarios, sin mercado, sin consumo y con créditos a tasas de interés usurarias fueron estaqueados, acotados, marginados del proceso de producción.

Cuando el gobierno decidió la rebaja de aportes patronales e imponer el sistema previsional en manos de las AFJP en 1994, desfinanció al Estado en casi 6.000 millones de pesos. De cada 100 pesos que aporta el trabajador las administradoras de jubilación se quedan con 31. Gastan 8,4 pesos en un seguro de vida e invalidez, 5,6 en administración y 8,8 pesos en marketing. Los 8,2 restantes son la ganancia de un negocio sin riesgos, con clientes cautivos, obligados por ley a contratar sus servicios. En los últimos seis años las AFJP llevan cobradas comisiones por un total de 6.262 millones de pesos. Cuando el ex ministro Domingo Cavallo implementó la reforma previsional que dio nacimiento al sistema de capitalización

1 ACINDAR por ejemplo, beneficiaria de la promoción industrial y de cuanto favor estatal haya existido, se vendió, en el transcurso del año 2000 y en graves dificultades financieras, al grupo siderúrgico brasileño Belgo Mineira, que adquirió el 40% del paquete accionario. También la familia Grüneisen vendió a mediados de los '90 su petrolera y ahora se dedica a la instalación de cadenas de librerías. De la producción a los servicios. Una constante de los últimos veinte años.

individual, lo hizo argumentando que el régimen estatal iba a generar un déficit público imposible de sobrellevar y que el capital acumulado en las AFJP se volcaría a la inversión productiva. El déficit público siguió en aumento y las AFJP tienen sus carteras llenas de bonos del Estado[2]. Reconociendo una vez más la propia ineficiencia de la clase política para manejar el dinero público, se discute ahora la posibilidad de privatizar el cobro de impuestos.

Es que la complicidad de los políticos con los grandes empresarios es inocultable: como ladero del presidente y sostenido hasta el límite de lo políticamente razonable, estaba Fernando de Santibañes, banquero devenido en jefe de espías. El vecino de La Rosadita, morada bucólica del presidente De la Rúa en Pilar, sigue "asesorando" al presidente. En 1998 la empresa Montford France, con sede en las Islas Vírgenes, fue la única oferente de una licitación pública del Banco de la Ciudad de Buenos para la compra de Parque Diana, un campo situado en San Martín de los Andes. Miguel Corsani, delegado gremial del banco, denunció que la compra se había hecho por encargo de Fernando de Santibañes. Santiago Obarrio, representante de la Montford France y amigo de Santibañes, confirmó la verdad de la denuncia. Corsani afirma que los directivos del banco que intervinieron en la operación tenían relación directa con el ex jefe de la Side. Carlos Pérez Rovira –vicepresidente del banco– está casado con una prima de Santibañes, mientras que Marcelo Sánchez –director–, Eduardo Friedlander –gerente– y Carlos Husinger –gerente comercial– llegaron al Banco Ciudad provenientes del Banco de Crédito Argentino, entidad que presidía

2 Diario *Página 12*, 3 de diciembre de 2000, Suplemento Cash, nota de investigación firmada por Roberto Navarro.

Santibañes, el amigo dilecto del presidente de la Nación. Montford, creada 4 meses antes de la compra, adquirió la propiedad valuada en 18 millones de pesos, por 7 millones. Cuando lo consultan, Santibañes dice: "la propiedad es de Montford... no sé lo que hacen los suizos con mi dinero". En 1998 Santibañes vendió sus acciones del Banco de Crédito Argentino en 165 millones de dólares, dinero que depositó en otro paraíso fiscal: Liechtenstein. En su declaración jurada obligatoria ante la Oficina Anticorrupción Santibañes declaró un patrimonio de 75 millones, y la propiedad de marras no figura.

La evasión impositiva y el lavado de dinero que involucra a muchos bancos y testaferros serían imposibles de realizar sin protección política. La impunidad es un sistema que requiere de muchas complicidades, contactos, favores y es un tema que excede el marco de este trabajo. Sin embargo no puede dejar de decirse que la sospecha de connivencia entre políticos y empresarios debería ofender y llamar a la acción a un gobierno que ganó las elecciones prometiendo, por lo menos, un poco de transparencia[3].

Además de transparencia, la Alianza propuso una defensa de la educación y el trabajo. Sus premisas electorales cayeron en saco roto con el impuestazo y el salariazo del 2000 y una serie de maniobras para contentar al sector financiero. El ministro José Luis Machinea, en medio de una tormenta de las finanzas públicas, al borde de la cesación de pagos abre su despacho a Ricardo López Murphy y a sus

---

3 A comienzos de 2000, el poderoso grupo Techint demostró una lealtad hacia el gobierno de la Alianza que no había tenido con otros. Es conocida la participación de Roberto Rocca en los grupos de estudio del radicalismo. A lo largo de ese año, el ex secretario de Industria Javier Tizado, el titular de la Aduana Eduardo Casullo y otros funcionarios de segundo nivel estuvieron o están vinculados laboralmente a Techint.

amigos de FIEL, un instituto sustentado por grandes empresas y el Consejo Empresario. Pocos días dura en su cargo el ultraortodoxo López Murphy. Su plan racionalizador no es digerido por la sociedad, que hace escuchar tambores de guerra.

Debe tenerse en cuenta, por otra parte, que Latinoamérica está inmersa en crisis institucionales de envergadura. Porque la economía no está al servicio de la política, sino al revés, y porque el sistema de representación democrático ha sido colonizado por dirigentes políticos que en realidad son meros empleados del poder económico. Colombia, y de alguna manera México, son narcodemocracias. La subsistencia de Bolivia depende de su producción de coca. El partido militar peruano está estrechamente vinculado con el tráfico de drogas y de armas. En Ecuador las decisiones se toman con carácter autoritario y se reprimen las manifestaciones de los descontentos a palo y sangre. El poder militar chileno es tan grande como el poder civil y presiona a favor de sus intereses y sus líderes. En Brasil, la arrolladora pujanza económica no logra revertir las increíbles injusticias sociales –los Sin Tierra y los nordestinos, por millones, dan fe de esta inequidad–.

Las ilusiones de miles de hombres y mujeres excluidos del progreso tecnológico y del bienestar más elemental se han quedado sin representación legítima. El azote neoconservador ha dejado al desnudo los excesos del capitalismo, pero las crisis financieras de mediados de los '90 lo han debilitado y están dando paso, lentamente, a un neokeynesianismo moderado. Aún no ha hecho pie, pero es una corriente alentadora que permite discutir un mayor grado de equidad para los pueblos y la recuperación del Estado como agente de políticas activas.

Los condicionamientos externos e internos para que la Argentina recupere la esperanza son graves. Desde hace 40 años cada gobierno civil o militar se desbarranca tras machacar con el retintín del Gran Acuerdo Nacional, del Pacto Social, de la Concertación, de los Consensos. Sin embargo, a pesar de fracasos y traiciones, no existe otra solución que un amplio acuerdo para que el país se ponga en marcha.

El mecanismo deberá ser democrático, abierto, pero dependerá de las grandes reformas pendientes, que no son económicas sino institucionales y culturales. La reforma política, a la luz del bochornoso episodio del Senado y que llevó a la destrucción de la Alianza, es indispensable. La manera en que son elegidos los representantes de la sociedad es ya indefendible. Los modos de hacer política están perimidos. La Alianza prometía ser el ariete de estos cambios estructurales, de una nueva cultura política que aguarda por dirigentes más lúcidos y con propuestas renovadoras. Sin embargo, a poco de asumir se ha mostrado como una continuación más prolija del menemismo, o al menos incapaz de protagonizar la esperanza de los que la votaron. El panorama es oscuro, pero si millones de argentinos dieron su apoyo al ideal de equidad social, respeto por los derechos humanos y dignificación del hombre a través del trabajo, quiere decir que existe una base social, silenciosa, solidaria y potencialmente capaz de motorizar las reformas. Se mostró en la protesta masiva contra el increíble plan de ajuste de marzo de 2001.

Vislumbrando este potencial, el politólogo José Nun apuesta por: "Los sindicatos democráticos y combativos; las comunidades de base; los movimientos campesinos; los movimientos sociales y culturales de origen étnico; las asociaciones policlasistas de nivel municipal o regional;

los frentes de productores creados por obreros, empleados y pequeños y medianos empresarios; las numerosas agrupaciones de estudiantes, docentes, investigadores, intelectuales, periodistas, artistas, etc. Y de tantos más que cobran forma propia todos los días[4]".

Espero que los cambios, lentos pero seguros, permitan que dentro de algunos años pueda escribir un libro cargado de optimismo.

4 José Nun, *Democracia*, Buenos Aires, Fondo de Cultura Económica, 2000, p. 174.

Bibliografía

Acuña, Carlos, *La nueva matriz política argentina*, Buenos Aires, Nueva Visión, 1995.

Acuña, Marcelo, *Alfonsín y el poder económico*, Buenos Aires, Corregidor, 1995.

Alberdi, Juan Bautista, *Escritos póstumos*, Buenos Aires, Ediciones Gizeh, 1990.

Aspiazu, Daniel y Nochteff, Hugo, *El desarrollo ausente*, Buenos Aires, Tesis-Norma, 1994.

Aspiazu, Daniel y Basualdo, Eduardo M., *Cara y contracara de los grupos económicos*, Buenos Aires, Cántaro, 1990.

Barbeito, Alberto y Lo Vuolo, Rubén, *La modernización excluyente*, Buenos Aires, UNICEF/CIEPP/LOSADA, 1992.

Basualdo, Eduardo, *Notas sobre la evolución de los grupos económicos en la Argentina*, Buenos Aires, 1996, trabajo publicado por CTA-IDEP.

Bonasso, Miguel, *El presidente que no fue*, Buenos Aires, Planeta, 1997.

Bonasso, Miguel, *Don Alfredo*, Buenos Aires, Planeta, 1999.

Cafiero, Antonio, *Desde que grité ¡Viva Perón!*, Buenos Aires, Pequen,1983.

Cafiero, Antonio, *Apuntes sobre la política económica del gobierno peronista (1973-1976)*, Buenos Aires, 1994, editado por el autor.

Camilión, Oscar, *Memorias políticas*, Buenos Aires, Planeta/Todo es historia, 1999.

Canitrot, Adolfo y otros, *La crisis argentina*, Buenos Aires, 1991, trabajo editado por la Fundación Omega.

Cardoso, Oscar, Kirshbaum, Ricardo y Van Der Koy, Eduardo, *Malvinas, la trama secreta*, Buenos Aires, Planeta, 1984.

De Pablo, Juan Carlos, *Quién hubiera dicho*, Buenos Aires, Planeta,1994.

Fanelli, José María y Frenkel Roberto, *Políticas de estabilización e hiperinflación en la Argentina*, Buenos Aires, Tesis,1990.

Ferrer, Aldo, *La economía argentina*, Buenos Aires, Fondo de Cultura Económica,1992.

Ferrer, Aldo, *Crisis y alternativas de la política económica argentina*, Buenos Aires, Ariel,1978.

García Lupo, Rogelio, *Mercenarios y monopolios en la Argentina -de Onganía a Lanusse 1966-1973*, Buenos Aires, Achával Solo,1973.

García Lupo, Rogelio, *La Argentina en la Selva Mundial*, Buenos Aires, Corregidor,1973.

Garfunkel, Jorge, *59 semanas y media*, Buenos Aires, Emecé,1990.

Gilbert, Isidoro, *El largo verano del 91*, Buenos Aires, Legasa,1991.

Hopenhayn, Benjamín y Merighi, Javier, *Movimiento de capitales en la Argentina: factores internos y externos.*

Un análisis del período 1991-1995, Buenos Aires, 1997, trabajo presentado en el Congreso de Economía de 1997.

Horowicz, Alejandro, *Los cuatro peronismos*, Buenos Aires, Planeta,1990.

James, Daniel, *Resistencia e integración*, Buenos Aires, Sudamericana,1990.

Kandel, Pablo y Mario Monteverde, *Entorno y caída*, Buenos Aires, Planeta,1976.

Lascano, Marcelo, *Reflexiones sobre la economía argentina*, Buenos Aires, Macchi,1996.

Lewis, Paul, *La crisis del capitalismo argentino*, Buenos Aires, Fondo de Cultura Económica,1993.

Lorenzutti, Jorge, *Dinero, política y bancos*, Buenos Aires, Ed. Universidad Abierta Interamericana,1996.

Minsburg, Naum, *Argentina hoy: crisis del modelo*, Buenos Aires, Letra Buena,1995.

Morales Solá, Joaquín, *Asalto a la ilusión*, Buenos Aires, Planeta,1990.

Muchnik, Daniel, *El tobogán económico*, Buenos Aires, Ariel,1978.

Muchnik, Daniel, *Fuegos de artificio*, Buenos Aires, Planeta,1992.

Muchnik, Daniel, *País archipiélago*, Buenos Aires, Planeta,1993.

Muchnik, Daniel, *Identidad perdida*, Buenos Aires, Galerna, 1994.

Muchnik, Daniel, *Negocios son negocios*, Buenos Aires, Norma,1999.

Naishtat, Silvia y Maas, Pablo, *El Cazador-La historia secreta de los negocios de Juan Navarro y el grupo Exxel*, Buenos Aires, Planeta, 2000.

Nun, José, *Democracia*, Buenos Aires, Fondo de

Cultura Económica, 2000.

O'Donnell, Guillermo, *Contrapuntos*, Buenos Aires, Paidós,1997.

Osteguy, Pierre, *Los Capitanes de la industria*, BuenosAires, Legasa,1990.

Rapoport, Mario, *Historia económica, política y social de la Argentina*, Buenos Aires, Ediciones Macchi, 2000.

Rodríguez, Jesús, *Fuera de la ley*, Buenos Aires, Planeta,1998.

Rouquié, Alain, *Poder militar y sociedad política en la Argentina*, Buenos Aires, Hyspamérica, 1982, tomo II.

Santoro, Daniel, *El Hacedor*, Buenos Aires, Planeta,1994.

Santoro, Daniel, *Los intocables*, Buenos Aires, Planeta,1996.

Schvarzer, Jorge, *La política económica de Martínez de Hoz*, Buenos Aires, Hyspamérica,1986.

Seoane, María, *El burgués maldito*, Buenos Aires, Planeta,1998.

Speranza, Graciela y Cittadini, Fernando, *Partes de guerra*, Buenos Aires, Norma, 1997.

Treber, Salvador, *La economía argentina actual 1970-1987*, Buenos Aires, Macchi,1988.

Wiñazki, Miguel, *El último feudo*, Buenos Aires, Ediciones TH,1995.

Yannuzzi, María de los Angeles, *Política y dictadura*, Buenos Aires, Fundación Ross,1996.

Diarios

Ámbito Financiero
Clarín
La Nación
Le Monde Diplomatique
Página 12
La Prensa
El País
El Cronista

Revistas

Primera Plana
Confirmado
Noticias
Mercado
Newsweek

Índice onomástico